Die zwei wichtigsten Elemente beim Kochen sind Liebe und Leidenschaft.

Dr. Andrea Scholdan
Laurence Koblinger

Eigenbetrieb Kulturinstitute
Stadtbibliothek Darmstadt
Ausgeschieden

Dr. Andrea Scholdan
Laurence Koblinger

suppito

2 Frauen,
5 Elemente
und 44 Suppen

avBUCH

RUCCOLA

ROSMARIN

ROTWEIN

Bitter.

Feuer

olunderbeere

Inhalt

Liebe Suppenfreunde! 6
5-Elemente-Küche à la *suppito* 10

Frühling 14
Spicy Hühnerkraft 17
Topinambursuppe 18
Bärlauchsuppe 21
Spargelcremesuppe 22
Spinat-Zuckererbsen-Suppe 24
Häuptelsalatsuppe 25
Rettich-Radieschen-Suppe 27
Orangen-Linsen-Suppe 28

Sommer 30
Gurken-Dille-Suppe 33
Gazpacho à la *suppito* 34
Tomaten-Basilikum-Suppe 35
Ratatouillesuppe 37
Zuckererbsen-Minze-Cremesuppe 38
Zucchini-Erdäpfel-Thymian-Suppe 40
Kohlrabi-Mangold-Suppe 41
Spicy Tomaten-Kokos-Suppe 43
Erdbeer-Rhabarber-Grütze 44

Spätsommer 46
Magische Krautsuppe 49
Minestrone 50
Kuzusuppe 52
Belugalinsen-Mangold-Suppe 53
Gemüsekraftsuppe 55
Kürbis-Dill-Cremesuppe 56

Fisolensuppe mit Erdäpfeln und Dille 58
Maiscremesuppe mit Speck 59
Brokkolisuppe 60
Hollerkoch mit Birnen und Zwetschken 61

Herbst 62
Rote-Rüben-Apfel-Kren-Suppe 65
Orientalische Rote-Linsen-Suppe 66
Fleischkraftsuppe vom Ochsenschlepp 68
Spicy Kürbis-Kokos-Suppe 69
Erdäpfel-Shiitake-Suppe 71
Pikante Gulaschsuppe 72
Birnen-Walnuss-Kompott 74
Quittenmus mit Apfelstückchen 75

Winter 76
Süßkartoffel-Ingwer-Suppe 79
Rotkraut-Apfel-Suppe 80
Maronisuppe 82
Fenchelsuppe 83
Karotte-Ingwer-Reis-Suppe 85
Pastinaken-Mangold-Suppe 86
Kohlsuppe mit Räuchertofu 89
Petersilienwurzel-Lauch-Suppe 90
Sellerie-Birnen-Suppe 91

Suppen von A bis Z 92
Österreichisch – Deutsch 93
Literaturtipps 93
Lebensmittelliste nach den 5 Elementen 94
Impressum 96

Liebe Suppenfreunde!

Bevor Sie nun Ihr eigenes Süppchen kochen, möchten wir Sie ganz kurz in unsere *suppito*-Küche schauen lassen.

Auf unseren Jalousien am Geschäft ist folgender Spruch zu lesen: »Ist dies eine Küche oder ein Restaurant? Ist er Koch oder Arzt? Fisch, Fleisch oder Gemüse, köstliche Gerichte verbannen Tabletten und Pillen, nahrhafte Speisen sind das Mittel gegen alle Leiden.«

Dieser chinesische Vierzeiler unbekannter Herkunft passt genau zu uns. Laurence Koblinger und ich, Andrea Scholdan, sind Köchinnen aus Leidenschaft. In unserer Küche ist es zwar nicht möglich, sich wie in einem Restaurant hinzusetzen und zu essen, aber man kann die Suppen und viele andere Köstlichkeiten dort kaufen und mit nach Hause nehmen. Oder Sie sparen sich den Weg und bestellen einfach unter www.*suppito*.at.

Wenn wir geöffnet haben, herrscht ein Kommen und Gehen – wenn wir geschlossen haben ebenfalls, denn dann veranstalten wir Kochkurse, die sich thematisch an der jeweiligen Jahreszeit orientieren: Frühjahr, Sommer, Spätsommer, Herbst und Winter. Erstens, weil die Zutaten zu jeder Jahreszeit verschieden sind, und zweitens, weil der Mensch im Winter etwas anderes zum Wohlfühlen braucht als im Sommer.

Dr. Andrea Scholdan – von der Rohkost zur Suppenleidenschaft

Ich war jahrelang als Ärztin tätig, und habe mich – wie ich damals glaubte – recht »gesund« ernährt. Das heißt, ich verschlang »tonnenweise« rohes Obst und Gemüse. Die Bauchschmerzen wurden aber immer schlimmer, bis ich Hilfe suchend bei Susanne Peroutka, Ernährungsberaterin nach der Traditionellen Chinesischen Medizin, gelandet bin. Animiert durch ihre Beratung begann ich Suppen zu kochen – und es ging mir schlagartig besser. Überrascht und begeistert über die heilsame Wirkung, begann ich spontan eine Ausbildung zur Ernährungsberaterin nach den 5 Elementen.

Im Laufe der Zeit wurde ich immer mutiger und begann mit Kräutern und Gewürzen zu experimentieren. Und weil ich dachte, dass ich mich noch verbessern könnte und die Suppen dann noch besser schmecken würden, habe ich sogar in berühmte Küchen hineingeschnuppert.

Bei Lisl Wagner-Bacher in Mautern, Österreichs bester Köchin, durfte ich in die Töpfe schauen und bei »Kim kocht« produzierte ich schon selbstständig »meine« Suppen. Damit noch nicht genug, überredete ich dann auch Laurence, mit mir gemeinsam zu kochen.

Laurence Koblinger – von der Kunst zur Suppe

Ich war im Kunstbereich tätig und hatte meine eigene Galerie, war aber, als mir Andrea von ihrer Idee erzählte, sofort offen für Neues. Als Französin bekam ich die Liebe zum guten Essen quasi schon mit der Muttermilch eingeflößt. Meine Familie betrieb ein Hotel in der Bretagne, mein Vater kochte persönlich für die Gäste, und meine Cousins sind allesamt Patissiers und Bäcker.

Gemeinsam mit Andrea ging es dann richtig los – aus gesunden Lebensmitteln wurden kulinarische Speisen. Was gab es nicht alles zusammenzustellen und zu variieren? Kokosmilch und Karotte, Salat und Salbei, Kraut und Koriander, und, und, und. Zusammen zu kochen ist eine wunderbare Sache, man beflügelt sich gegenseitig.

Warum ausgerechnet Suppen?

Die Suppe gilt als die »Mutter aller Speisen«. Der Mensch muss ja nicht nur essen, sondern auch trinken und mit Suppe bekommt er sowohl das eine als auch das andere. Suppe kann man aus den meisten Lebensmitteln herstellen, aus Fleisch, Fisch, Gemüse, Bohnen und Getreide. Und sie schmeckt jedem, vom Kleinkind bis zu Großmutter oder -vater. Außerdem ist eine Suppe recht praktisch – man benötigt zu ihrer Zubereitung nur einen Topf, man kann sie aufheben und wieder aufwärmen. Doch das Beste daran ist, dass eine Suppe vor dem Verzehr gekocht wird, das erspart Magen und Darm viel Arbeit.

Die Anfänge von *suppito*

Aus eigener Erfahrung und auch aus Andreas Praxis als Ernährungsberaterin wussten wir, wie selten berufstätige Menschen Zeit finden, um zu kochen. »Liebe Frau Müller, lassen Sie einfach die Wurstsemmeln weg, wenn sie schlanker werden wollen«. »Und wie bitte soll ich das machen? Ich bin 10 Stunden täglich im Büro, ich komme nicht mal zum Einkaufen, geschweige denn zum Kochen«. So und ähnlich hieß es immer wieder.

Wir begannen zunächst, zu Hause nur für uns und unsere Freundinnen zu kochen. Dann boten wir unsere Suppen in Flaschen zum Mitnehmen an. Zuerst für unsere Freundinnen, dann für die Freundinnen der Freundinnen. Als wir für die Freundinnen der Freundinnen der Freundinnen kochen sollten, beschlossen wir, ein Geschäft zu eröffnen: *suppito*, die Stadtküche, im Herzen Wiens, beim Naschmarkt. Wir fanden das ehemalige »Café Lucky« in der Girardigasse – der Name schien uns ein gutes Omen. Nach einer gewaltigen Umbauphase stellten wir im Dezember 2006 den ersten Suppentopf auf.

Löffelweise Leidenschaft

Wir sind glücklich, wenn wir Suppe kochen dürfen, und unsere Kunden belohnen uns – sie kommen

immer wieder. Einerseits wegen unserer Klassiker, wie Spicy Tomaten-Kokos-Suppe, Erdäpfel-Shiitake-Suppe oder Rote-Rüben-Apfel-Kren-Suppe. Andererseits, weil wir ständig neue Suppen, aber auch Sugos, Eintöpfe, Kompotte, Frühstücksträume etc. erfinden. Unsere Klientel ist recht unterschiedlich.
Manche legen spezielle Suppentage ein, um ihre gute Figur zurückzugewinnen. Andere holen sich die Suppen für ihre Kinder bzw. Familie und sich, damit sie ohne viel Aufwand etwas Gutes zu essen haben. Viele lassen sich aus dem gleichen Grund die Suppen ins Büro liefern. Manche Kunden schätzen, dass *suppito* laktose- und glutenfrei kocht. Und wieder andere lassen sich durch unsere Suppen inspirieren und staunen, was man Wunderbares aus Gemüse, Hülsenfrüchten, Kräutern und Gewürzen komponieren kann. Viele versuchen herauszufinden, aus welchen Zutaten die Suppen bestehen, um sie nachzukochen. Das ist nun nicht mehr notwendig, denn wir haben hier alle *suppito*-Bestseller aufgeschrieben.

Wir wünschen viel Spaß beim Kochen und Auslöffeln!
Ihre Andrea Scholdan und Laurence Koblinger

5-Elemente-Küche à la suppito

Praktisch – unkompliziert – alltagstauglich

Die 5 Elemente sind die Basis aller *suppito*-Rezepte. Doch dieses Buch ist kein Ratgeber für die 5-Elemente-Lehre. Es erhebt keinen Anspruch auf Vollständigkeit hinsichtlich der Wechselwirkungen dieser jahrtausendealten Ernährungslehre. Wer diesbezüglich sein theoretisches Wissen vertiefen möchte, findet dazu im Buchhandel reichlich Literatur. Einige Tipps haben wir am Ende dieses Buches angeführt.

Ich (Andrea Scholdan) habe mich ausführlich mit der Theorie der Traditionellen Chinesischen Medizin (TCM) beschäftigt – schon allein meiner eigenen Krankengeschichte wegen. Durch die jahrelange Erfahrung in unserer *suppito*-Küche und auch aufgrund meines eigenen, unkomplizierten Naturells habe ich versucht, einen sehr praktischen, einfachen Weg zur Umsetzung dieses Wissens im Alltag zu finden.

Nach jahrelang bestehenden gesundheitlichen Problemen wurde bei mir eine Laktose- und Glutenunverträglichkeit festgestellt. Eine Ernährungsumstellung im Sinne der TCM, kombiniert mit laktose- und glutenfreien Produkten, machte mich in kurzer Zeit zu einem glücklichen, beschwerdefreien und energiegeladenen Menschen. Nach anfänglichen „Hoppalas" im Umgang mit mir bis dahin unbekannten Gewürzen, Algen, Sojaprodukten und Nahrungsmitteln waren Familie und Freunde letztendlich bereit, das Wagnis einzugehen, meine mit großer Leidenschaft gekochten Kreationen zu probieren und zu genießen.

Die Nachfrage nach und der Bedarf an fertig gekochten, schmackhaften, wohltuenden Speisen war und ist groß, sodass Laurence und ich beschlossen, ins kalte Wasser zu springen und unser Hobby zum Beruf zu machen. Um Menschen, die nicht kochen wollen, können oder einfach keine Zeit dazu haben, die Chance zu geben, sich gut und gesund zu ernähren.

Bei unseren Kochkursen wird immer wieder die Frage nach einem *suppito*-Kochbuch gestellt. Voilà, hier ist es: ein Buch mit vielen guten Suppenrezepten, einschließlich „Wohlfühlgarantie".

Gebrauchsanweisung

Folgende Tipps sind für die Zubereitung der Rezepte elementar und empfehlenswert:

• Verwenden Sie möglichst hochwertige, biologische, regionale und frische Produkte.

- Beginnen Sie erst zu kochen, wenn alle Zutaten fertig vorbereitet sind.

- Kochen Sie gemäß der Jahreszeit und richten Sie sich nach den klimatischen Gegebenheiten.

- Verwenden Sie frisch gemahlene Gewürze. Beginnen Sie am Anfang mit »Prisen« und »Messerspitzen«. Legen Sie sich einen Mörser oder mehrere gute Gewürzmühlen zu. Nur wenn Sie die Gewürze frisch mahlen, erhalten Sie das erwünschte Aroma!

- Kochen Sie laktosefrei (d.h. ohne tierische Milchprodukte mit Ausnahme von Butterschmalz) und glutenfrei (d.h. Produkte ohne Klebereiweiß).

- Essen Sie mindestens einmal täglich eine Speise, in der Zutaten aus allen 5 Elementen enthalten sind (wie z.B. eine feine Suppe aus diesem Buch).

- Seien sie kreativ! Ein Rezept ist nur als Anregung zu verstehen. Variieren Sie einfach nach Lust und Laune drauflos und seien Sie auf das Ergebnis neugierig und stolz. »Übung macht den Meister.«

- Kosten Sie zwischendurch, denn ohne Abschmecken geht´s nicht einmal bei MeisterköchInnen.

- Hie und da Tiefkühlprodukte zu verwenden, um ohne Einkaufsstress trotzdem liebevoll eine warme Mahlzeit zuzubereiten, ist ebenfalls sinnvoll.

Angaben wie Gramm oder Milliliter haben wir bewusst weggelassen. Stattdessen verwenden wir folgende *suppito*-Einheiten:

Prise: die Menge, die zwischen Daumen und Zeigefinger passt.

Messerspitze (Msp.): die Menge, die sich auf die Spitze eines Besteckmessers häufen lässt.

Teelöffel (TL), **Esslöffel** (EL): bei flüssigen Stoffen (Öl, Wasser etc.) randvoll gefüllt; bei festen Stoffen (Zucker, Reis etc.) gut gehäuft.

1 Handvoll: Menge, die gehäuft in eine Hand passt.

2 Handvoll: Menge, die Sie mit beiden Händen gerade noch fassen können.

So machen Sie die Suppen à la *suppito* für 4 bis 6 Wochen haltbar: Die fertig abgeschmeckte, kochende Suppe in eine saubere Glasflasche oder ein Schraubglas füllen und mit einem Metalldeckel verschließen. Sofort im eiskalten Wasserbad für ca. 40 Minuten abkühlen (immer wieder kaltes Wasser nachfüllen) und anschließend ab in den Kühlschrank.

Noch ein Tipp: Machen Sie es wie die Profis und verwenden Sie zum Kosten jedes Mal einen frischen Löffel. Sonst feiern die Bakterien »fröhliche Urständ« in Ihren Suppenflaschen.

Nützlich und wissenswert

Agar-Agar
Geschmacksneutrales Bindemittel aus Meeresalgen mit kühlender Wirkung.

Bockshornkleesamen
Wirken verdauungsfördernd, entfeuchtend und sind gut fürs Herz.

Butterschmalz (Ghee)
Zwei Viertel Biobutter in einem Topf bei mittlerer Hitze ca. 20 Minuten kochen lassen, durch ein Mulltuch filtern und in einem Schraubglas bei Zimmertemperatur aufbewahren. Da das tierische Eiweiß bei diesem Vorgang entfernt wird, kann das Butterschmalz nicht mehr ranzig werden und bildet, wenn man es hoch genug erhitzt, keine krebserregenden Stoffe (wie es bei Butter der Fall ist).

Chinesische Mandarinenschale (Chen Pi)
Ist in vielen Apotheken erhältlich. Am besten in eine Gewürzmühle füllen und bei Bedarf mahlen. Transformiert Feuchtigkeit und Schleim, verhindert Stagnation. Alternative: Schale biologischer Zitrusfrüchte mit dem Gemüseschäler dick schälen (auch die weiße Haut), die Schalen klein hacken, an der Luft trocknen lassen und in einem verschlossenen Schraubglas aufbewahren.

Congee
Reissuppe aus lange gekochtem Naturreis. Zubereitung: Reis waschen und 8 Stunden in kaltem Wasser einweichen, abseihen, mit frischem Wasser im Verhältnis 1:6, einem Stück Ingwer (1 x 2 cm groß) und einer Wakamealge aufkochen und zugedeckt auf kleiner Flamme 2 bis 3 Stunden kochen. Zur Aufbewahrung Alge und Ingwer entfernen, heiß in Schraubgläser füllen, abkühlen lassen und in den Kühlschrank stellen.

Gemüsesud
Selbst gemacht: s. S. 55; schnelle Alternative: hefefreie Suppenwürze aus dem Bioladen.

Glasnudeln
Glutenfreie, eiweißreiche Beilage aus Mungbohnen.

Gluten
Wird auch Klebereiweiß ist in den meisten Getreidesorten enthalten und wird in der Nahrungsmittelindustrie sehr häufig als Bindemittel verwendet. Glutenfreie Getreide sind z.B. Reis, Hirse, Quinoa, Amaranth, Buchweizen und Mais.

Frischer Ingwer
Wärmt und aktiviert die Verdauungsenzyme. Ingwer sollte grundsätzlich mit Schale verwendet und nicht durch getrocknetes Ingwerpulver ersetzt werden.

Meeresalgen
Z.B. Wakame oder Hiziki sind mineralstoffreich, binden Schwermetalle und wirken entgiftend sowie ausleitend.

»Mitte« stärken
Unter »Mitte« versteht man in der TCM die Verdauungsorgane, die die Umwandlung und den Weitertransport der aufgenommenen Nahrung sicherstellen und für unsere Gesundheit essentiell sind.

Kardamomkapseln
Werden mit der Schale gemahlen, stärken die Mitte und entfeuchten.

Kokosmilch
Laktosefrei, in geringen Mengen geschmacksneutral, ersetzt die cremige Wirkung von Obers und flockt beim Erhitzen nicht aus. Enthält jedoch gesättigte Fettsäuren und sollte bei hohen Blutfettwerten und Herz-Kreislauf-Erkrankungen durch Sojacreme ersetzt werden. Diese sollte allerdings nicht mehr aufgekocht werden, da sie sonst ausflockt.

Kurkuma
Regt die Magensaftproduktion an, wirkt krebshemmend, antioxidativ und entzündungshemmend. Wesentlicher Bestandteil von Currymischungen.

Kuzu
Ein Stärkemehl ohne Eigengeschmack, beruhigt den Magen und saniert den Darm.

Laktose
Milchzucker, ist vor allem in der Kuhmilch und den damit hergestellten Produkten (Ausnahme: Butterschmalz) enthalten. Laktoseintoleranz (Milchzuckerunverträglichkeit) tritt als Folge der fehlenden Produktion des Verdauungsenzyms Laktase auf. Die Symptome nach dem Verzehr von Milch und Milchprodukten sind Blähungen, Übelkeit und Durchfall.

Tamari
Eine japanische, sehr salzige und weizenfreie, biologische Sojasauce.

Tomaten
Rohe Tomaten sind viel bekömmlicher ohne Schale. Gekochte Tomaten, Tomatenmark und sonnengereifte Dosentomaten enthalten viel mehr Lycopin, ein Antioxidans mit vorbeugender Wirkung gegen Herz-Kreislauf-Erkrankungen, Krebs und gegen eine vorzeitige Alterung der Haut.

Umeboshi
Eine sauer-salzige Speisewürze mit basischer und eisenbildender Wirkung, die als Mus oder Kernfrucht erhältlich ist.

Unraffiniertes Meersalz
Wird aus Meerwasser in speziellen Salzgärten gewonnenen. Im Meersalz sind neben Natriumchlorid auch noch geringe Mengen von Kalium, Magnesium und Mangan enthalten.

Zöliakie
Darunter versteht man eine Glutenunverträglichkeit. Die häufigsten Symptome sind Blähungen, Übelkeit, Bauchschmerzen, Durchfälle und Entwicklungsstörungen bei Kindern. Therapie ist eine komplett glutenfreie Ernährung.

Frühling

Holz . grün . Leber-Gallenblase . Augen . Sehnen . Nägel . Wut

»Der saure Geschmack reist zur Leber.«

Spicy Hühnerkraft

(ca. 3 l)

Wärmend, stärkt Blut und Qi

Holz
1 grob zerteiltes Bio Huhn (ohne Haut und Fett)
1 Bund Bio-Petersilie mit Stängel

Feuer
4 l kochendes Wasser
1 Prise Kurkuma

Erde
2 grob zerkleinerte Karotten
1/2 geschälter, grob zerkleinerter Knollensellerie

Metall
2 Stk. Ingwer (je 1 x 2 cm)
1 halbierte, gebräunte Zwiebel mit Schale
3 Kardamomkapseln
1 EL Liebstöckel
1/2 TL schwarze Pfefferkörner

Wasser
5 l lauwarmes Wasser
4 Hizikialgen

Die Hühnerstücke und 1 Stk. Ingwer ins kochende Wasser geben, aufkochen lassen, dann das Wasser abgießen, den Ingwer entfernen und die Hühnerstücke abwaschen. Alle übrigen Zutaten mit den Hühnerstücken in dem lauwarmen Wasser aufkochen und 4 bis 6 Stunden zugedeckt auf kleiner Flamme köcheln lassen. Dann die Suppe abseihen und zur weiteren Verwendung bereitstellen. Das ausgekochte Gemüse und die Hühnerstücke wegwerfen.

Suppe nach Belieben mit klein geschnittenen Pilzen, Erbsenschoten, Karotten, rotem Paprika, Jungzwiebeln, Sojabohnensprossen, gehacktem Ingwer, Zitronengras, Salz, gemörserten Koriandersamen, süßer Chilisauce sowie etwas Kokosmilch verfeinern und mit in wenig kaltem Wasser angerührtem Kuzu binden.

Tipp: Um die Suppe für die kalte Jahreszeit zu verändern, verwenden sie statt Paprika und Sprossen doch weißen Rettich, Kraut, Kohl und Lauch.

Frühling

Frühling

Topinambursuppe

(Für ca. 2 l)

Entgiftet die Leber und stärkt die Mitte

Öl erwärmen. Gemüse, Reis, Gewürze (außer Salz, Pfeffer, Petersilie) zufügen, umrühren und mit dem Gemüsesud bedecken. Aufkochen und auf mittlerer Flamme zugedeckt weich kochen.

Kokosmilch zugeben und pürieren, mit Salz und Pfeffer abschmecken, wenn nötig restlichen Gemüsesud bis zur gewünschten Konsistenz zufügen und noch einmal kurz aufkochen. Mit Petersilie und Gänseblümchen garniert servieren.

Tipp: Servieren Sie zur Abwechslung die Suppe einmal mit fein gehackten jungen Löwenzahnblättern bestreut.

Erde
2 Handvoll gewaschene, grob zerkleinerte Topinamburknollen
1 Scheibe geschälter Knollensellerie
2 EL Traubenkernöl
3 EL Kokosmilch
1–1 1/2 l heißer Gemüsesud (s. S. 55)

Metall
1 geschälte, grob zerkleinerte Zwiebel
2 EL kalt gewaschener Basmatireis
1/2 TL gemahlener Kümmel
1/4 TL gemahlener Kardamom
1 Prise frisch gemahlener, weißer Pfeffer
1/2 TL frisch geriebener Ingwer

Wasser
unraffiniertes Meersalz

Holz
Als Deko:
3 EL gehackte Petersilie
1 Handvoll Gänseblümchenköpfe

Feuer
1 Prise chinesische Mandarinenschale

Bärlauchsuppe

(Für ca. 2 1/2 l)

Leitet Schwermetalle aus

Erde
1/2 kg gewaschener, blanchierter und grob gehackter Bärlauch
3 grob zerkleinerte Zucchini
1 mehliger, geschälter, grob zerkleinerter Erdapfel
2 EL Butterschmalz
1 3/4 l heißer Gemüsesud (s. S. 55)
3 EL Kokosmilch

Metall
1 Stange in Ringe geschnittener Lauch
1 TL frisch geriebener Ingwer
1 Prise frisch gemahlene Muskatnuss
1 Prise frisch gemahlener, schwarzer Pfeffer

Wasser
1 Wakamealge
unraffiniertes Meersalz

Holz
1 Bund mit den Stängeln gehackte Bio-Petersilie

Feuer
1 Prise gemahlener Bockshornkleesamen
heißes Wasser nach Bedarf

Butterschmalz erhitzen. Gemüse (außer Bärlauch), Gewürze (außer Muskat, Salz, Pfeffer) und Alge zufügen, umrühren, mit 1 l Gemüsesud aufgießen und zugedeckt weich kochen. In den letzten 5 Minuten den Bärlauch mitkochen.

Kokosmilch zufügen und alles pürieren. Mit dem restlichen Gemüsesud verdünnen, mit Muskat, Salz und Pfeffer abschmecken und nochmals kurz aufkochen.

Tipp: Es macht viel Spaß, den Bärlauch selbst zu pflücken. Aber Vorsicht: Nicht mit den giftigen Maiglöckchenblättern verwechseln! Und bei Magenproblemen, nicht zu viel Bärlauch essen!

Frühling

Spargelcremesuppe

(Für ca. 2 1/2 l)

Spargel entgiftet und entwässert

Erde
- 1 Bund weißer Spargel
- 1 Bund grüner Spargel
- 2 mehlige, geschälte, grob zerkleinerte Erdäpfel
- 1–1 1/2 l heißer Gemüsesud (s. S. 55)
- 1/2 TL Rohrohrzucker
- 3 EL Butterschmalz

Metall
- 1 mittelgroße, grob zerkleinerte Zwiebel
- je 1 Msp. frisch gemahlener Kardamom und Pfeffer,
- 1 Msp. frisch gemahlene Muskatnuss

Wasser
- unraffiniertes Meersalz nach Bedarf

Holz
- Als Deko:
- 2 EL gehackte Petersilie

Feuer
- 1 Msp. frisch geriebene Zitronenschale
- heißes Wasser nach Bedarf

Weißen Spargel unterhalb des Kopfes bis zum Ende, bei grünem Spargel nur das untere Drittel schälen. Holzige Enden entfernen. Spargelköpfe auf 1 1/2 cm Länge abschneiden, in 1/4 l heißem Wasser mit je 1 Msp. Salz und Zucker bissfest kochen und zur Seite stellen.

Die restlichen Spargelstangen in 2 cm große Stücke schneiden. Butterschmalz erwärmen. Gemüse, Gewürze (außer Salz, Pfeffer und Muskat) zufügen, umrühren, mit Gemüsesud bedecken und zugedeckt weich kochen. Im Mixer pürieren, mit Muskat, Salz und Pfeffer abschmecken. Mit dem Spargelspitzenwasser aufgießen, bis zur gewünschten Konsistenz verdünnen und kurz aufkochen. Zum Schluss die Spargelspitzen untermischen und mit Petersilie bestreut servieren.

Tipp: Wenn Sie die Spargelenden und -schalen mit Wasser auskochen, ergibt das einen guten Sud zum Aufgießen für Spargelrisotto. Sie können ihn aber auch für diese Suppe anstelle des Gemüsesuds verwenden.

Frühling

Spinat-Zuckererbsen-Suppe

(Für ca. 2 l)

Macht frühlingsfrisch und rosige Wangen

Butterschmalz erwärmen. Gemüse (aber nur 100 g Erbsen), Gewürze (außer Salz, Pfeffer, Muskat) zufügen, umrühren, mit 1 l Gemüsesud aufgießen und zugedeckt weich kochen.

Mit Kokosmilch und restlichem Gemüsesud aufgießen und pürieren. Mit Salz, Pfeffer sowie Muskat abschmecken, die restlichen Erbsen zufügen und nochmals kurz aufkochen.

Tipp: Probieren Sie dieses Rezept doch einmal mit selbst gepflückten jungen Brennnesselblättern statt mit Spinat.

Frühling

Erde
1/2 kg blanchierter, gehackter Spinat
2 mehlige, geschälte, grob zerkleinerte Erdäpfel
1/4 geschälter, grob zerkleinerter Knollensellerie
100 g tiefgekühlte, aufgetaute Zuckererbsen
1/8 l Kokosmilch
2 EL Butterschmalz
1 1/2 l heißer Gemüsesud (s. S. 55)

Als Suppeneinlage:
100 g tiefgekühlte, aufgetaute Zuckererbsen

Metall
1 kleine Stange in feine Ringe geschnittener Lauch
1 TL frisch geriebener Ingwer
1/2 TL fein gehackter Knoblauch
je 1 Msp. gemahlener Koriander und Muskatnuss
2 Prisen frisch gemahlener, weißer Pfeffer
1/2 TL gemahlener Kardamom

Wasser
unraffiniertes Meersalz

Holz
1 Bund gehackte Petersilie

Feuer
1 Prise gemahlener Bockshornkleesamen

Häuptelsalatsuppe

(Für ca. 2 1/2 l)

Erfrischt und glättet die Haut

Erde
1 gewaschener, in Streifen geschnittener Häuptelsalat
300 g tiefgekühlte, aufgetaute Zuckererbsen
1 l heißer Gemüsesud (s. S. 55)
2 EL Arganöl
100 ml Kokosmilch

Metall
1 in Ringe geschnittener Lauch
4 EL kalt gewaschener Basmatireis
1 Msp. gemörserte Koriandersamen
2 Msp. frisch gemahlene Muskatnuss

Wasser
unraffiniertes Meersalz nach Geschmack

Holz
1 Msp. geriebene Schale einer Bio-Zitrone

Feuer
1 Prise gemahlener Bockshornkleesamen
ca. 1 l heißes Wasser

Arganöl erwärmen. Lauch, Reis, Gewürze (außer Salz, Muskat, Pfeffer) zufügen, mit Gemüsesud aufgießen und zugedeckt weich kochen.

Die Salatstreifen, Erbsen und 1 l heißes Wasser für 5 Minuten mitkochen, dann alles unter Zugabe von Kokosmilch pürieren. Mit Salz, Pfeffer und Muskat abschmecken und kurz aufkochen.

Tipp: Arganöl hat ein wunderbares Nussaroma, wird aus der Frucht des in Marokko wachsenden Arganbaumes gewonnen und enthält viel Vitamin E.

Frühling

Rettich-Radieschen-Suppe

(Für ca. 2 l)

Tut Lunge und Darm gut

Öl erwärmen. Gemüse (außer Radieschen), Ingwer sowie Kümmel zufügen und mit Gemüsesud bedecken. Zugedeckt weich kochen.

Mit Kokosmilch und Rote-Rüben-Saft pürieren, mit Salz, Pfeffer, Essig und Sesam würzen, falls nötig mit Wasser bis zur gewünschten Konsistenz aufgießen und noch einmal aufkochen.

Mit den Radieschenstreifen und den gehackten Blättern bestreut servieren.

Tipp: Radieschenblätter enthalten viel Kalzium und können wie Blattspinat zubereitet werden (nur bei Bioware zu empfehlen!).

Erde
2 geschälte, grob zerkleinerte, mehlige Erdäpfel
ca. 1–1 1/2 l heißer Gemüsesud (s. S. 55)
2 EL Rapsöl
1/8 l Kokosmilch
1 TL gerösteter, gemörserter, schwarzer Sesam

Metall
1/2 weißer, großer, grob zerkleinerter Rettich
1 Stange Lauch (nur das Weiße, in feine Ringe geschnitten)
je 1 Msp. frisch gemahlener weißer Pfeffer und frisch geriebener Ingwer
1 TL gemörserter Kümmel

Als Deko:
1 Bund in Stifte geschnittene Bio-Radieschen und die frischen, grünen, fein gehackten Radieschenblätter

Wasser
unraffiniertes Meersalz

Holz
1/2 TL Apfelessig

Feuer
heißes Wasser nach Bedarf
1/8 l Rote-Rüben-Saft

Frühling

Orangen-Linsen-Suppe

(Für ca. 2 1/2 l)

Stärkt die Nierenenergie, fördert die Verdauung

Frühling

Erde
3 EL Olivenöl
ca. 1 1/2 l heißer Gemüsesud (s. S. 55)
1 TL gemahlener Zimt
3 mittelgroße, grob zerkleinerte Karotten
2 mehlige, geschälte, grob zerkleinerte Erdäpfel
2 mittelgroße geschälte, klein gewürfelte Karotten

Metall
1 geschälte, in kleine Würfel geschnittene Zwiebel
1/2 TL frisch geriebener Ingwer
1 Lorbeerblatt
1 TL frisch gemahlener Kreuzkümmel
1 Msp. frisch gemahlener, schwarzer Pfeffer

Wasser
unraffiniertes Meersalz
200 g über Nacht eingeweichte und gut gewaschene Berglinsen

Holz
1/4 l Orangensaft
3 EL gehackte Petersilie

Feuer
1 EL geriebene Schale einer Bio-Orange

Für das Mus die grob zerkleinerten Karotten und die Erdäpfel mit Wasser bedeckt in einem Topf weich kochen und dann pürieren. Die Karottenwürfel in Salzwasser bissfest kochen, abseihen und zur Seite stellen.

Gemüsesud aufkochen und die abgetropften Linsen zufügen. Drei Minuten kochen lassen, den entstehenden Schaum abschöpfen. Olivenöl, Orangensaft, Zwiebel, Gewürze (außer Petersilie) zufügen und ohne Deckel weich kochen.

Das Lorbeerblatt aus der Linsensuppe entfernen, das Mus und die Karottenwürferl untermischen. Mit Wasser bis zur gewünschten Konsistenz verdünnen, mit Salz und Pfeffer abschmecken. Kurz aufkochen und mit Petersilie bestreut servieren.

Tipp: Wenn Sie Bio-Orangen auspressen, unbedingt vorher die Schale mit einem Sparschäler großzügig schälen (inkl. der weißen Haut!), klein hacken, offen trocknen lassen und in einem Schraubglas aufbewahren. So haben sie immer Orangenschale auf Vorrat.

Sommer

Feuer . rot . Herz-Dünndarm . Zunge . Gesicht . Kreislauf . Begierde

»Der bittere Geschmack reist zum Herzen.«

Gurken-Dille-Suppe

(Für ca. 2 l)

Erfrischt und nährt die Säfte

Traubenkernöl erwärmen. Das grob zerkleinerte Gemüse zufügen und kurz umrühren. Dann mit Gemüsesud aufgießen und zugedeckt weich kochen.

Anschließend unter Zugabe von Kokosmilch und Zitronensaft pürieren, mit Salz und Pfeffer abschmecken, wenn nötig mit heißem Wasser verdünnen.

Als Abschluss die Gurkendreiecke, den rosa Pfeffer und die Dille unterheben und kurz mitkochen.

Tipp: Versuchen Sie z. B. am Bauernmarkt die kleinen aromatischen Freilandgurken zu bekommen. Die Schalen sind jedoch härter, sodass die Gurkendreiecke müssen geschält oder etwas länger mitgekocht werden.

Erde
2 mehlige, geschälte, grob zerkleinerte Erdäpfel
1/2 grob zerkleinerte, ungeschälte Salatgurke
2 EL Traubenkernöl
100 ml Kokosmilch
ca. 1 l heißer Gemüsesud (s. S. 55)

Als Suppeneinlage:
1/2 ungeschälte Salatgurke mit einem Esslöffel entkernen und in kleine Dreiecke schneiden

Metall
2 geschälte, grob zerkleinerte Zwiebeln
1 Msp. frisch gemahlener weißer Pfeffer

Als Deko:
4 EL gehackte Dillespitzen

Wasser
unraffiniertes Meersalz

Holz
3 Tropfen Zitronensaft

Feuer
heißes Wasser nach Bedarf
1/2 TL gemörserter rosa Pfeffer

Sommer

Gazpacho à la *suppito*

(Für ca. 2 l)

Kühlend, reguliert den Blutdruck

Holz
4 große, geschälte, grob zerkleinerte, Fleischtomaten (Mittelstrunk entfernen)

Feuer
1 Handvoll in Streifen geschnittenes Basilikum

Erde
1 Scheibe geschälter und grob zerkleinerter Knollensellerie
1 grob zerkleinerte Karotte
ca. 1 l heißer Gemüsesud (s. S. 55)
1–2 EL Rohrohrzucker
6 EL Olivenöl

Metall
1 weiße, geschälte und grob gewürfelte Zwiebel
1/2 TL geschälter, klein gehackter Knoblauch
1 Msp. schwarzer, frisch gemahlener Pfeffer

Als Deko:
1/2 gelber, klein gewürfelter Paprika
1/2 ungeschälte, klein gewürfelte Salatgurke

Wasser
unraffiniertes Meersalz

Öl erwärmen. Gemüse (außer Tomaten) und Knoblauch zufügen, mit dem Gemüsesud aufgießen und 5 Minuten zugedeckt kochen.

Die Tomaten und 1 EL Zucker zufügen und alles zugedeckt weich kochen.

Pürieren, mit restlichem Zucker, Salz sowie Pfeffer abschmecken und nochmals aufkochen.

Die Suppe kalt stellen, mit Basilikumstreifen, Gurken- und Paprikawürferl sowie einigen Tropfen Olivenöl garniert servieren.

Tipp: Bei festen Fleischtomaten kann man die Haut gut mit einem Gemüseschäler entfernen.

Tomaten-Basilikum-Suppe

(Für ca. 2 1/2 l)

Kühlend, erfrischend

Öl erhitzen. Gemüsewürfel und Gewürze (außer Salz, Pfeffer und Basilikum) zufügen und mit Gemüsesud aufgießen.

Aufkochen und zugedeckt auf mittlerer Flamme weich kochen. Tomatenpüree zufügen und noch 10 Minuten kochen.

Alles fein pürieren. Mit Salz, Pfeffer und Zucker abschmecken. Falls nötig noch mit Wasser bis zur gewünschten Konsistenz verdünnen.

Mit dem Basilikum bestreut servieren.

Tipp: Basilikum schmeckt ausgezeichnet und erfreut das Herz. Die Suppe auch mit kleinen Mozzarellakugeln als Einlage servieren.

Holz
3 Dosen à 400 g passierte Tomaten

Feuer
6 EL in Streifen geschnittenes Basilikum
heißes Wasser nach Bedarf
1 EL frischer Oregano

Erde
2 grob zerkleinerte Karotten
1/4 geschälter, grob zerkleinerter Knollensellerie
3 EL Olivenöl
Rohrrohrzucker nach Geschmack
ca. 1 l heißer Gemüsesud (s. S. 55)

Metall
2 geschälte, grob zerkleinerte Zwiebeln
1 EL fein gehackter Knoblauch
1/2 TL frisch gemahlener, schwarzer Pfeffer

Wasser
unraffiniertes Meersalz
4 Hizikialgen

Sommer

Ratatouillesuppe

(Für ca. 2 1/2 l)

Stärkt die Verdauungskraft, baut Säfte auf

Öl erwärmen. Gemüse und Gewürze (außer Salz, Zucker und Pfeffer) zufügen, kurz umrühren und mit heißem Wasser bedecken.

Zugedeckt weich kochen. Die Rosmarinzweige entfernen, mit Salz, Zucker und Pfeffer abschmecken.

Zuletzt das aufgelöste Kuzu zufügen und 2 Minuten in der Suppe mitkochen.

Tipp: Wenn sie Wasser und Kuzu weglassen, erhalten Sie eine herrliche, mediterrane Gemüsebeilage zu gegrilltem Fleisch oder gebratenen Polentascheiben.

Erde
1 roter und 1 grüner, klein gewürfelter Paprika
1 entkernte, klein gewürfelte Melanzani
1 klein gewürfelte Zucchini
2 EL Olivenöl
1 1/2 EL Kuzu in 1/4 l Wasser aufgelöst
Rohrohrzucker nach Geschmack

Metall
1 geschälte, klein gewürfelte Zwiebel
2 EL gehackter Oregano
1 TL fein gehackter Knoblauch
1 Msp. frisch gemahlener, schwarzer Pfeffer

Wasser
unraffiniertes Meersalz

Holz
2 Dosen à 400 g geschälte, gewürfelte Tomaten
2 EL Tomatenmark

Feuer
ca. 1 l heißes Wasser
2 kleine Rosmarinzweige

Sommer

Zuckererbsen-Minze-Cremesuppe

(Für ca. 1 1/2 l)

Kühlend, Säfte aufbauend, durststillend

Öl erwärmen. Lauch, Reis, Ingwer und Petersilie zufügen, umrühren und mit dem Gemüsesud aufgießen und zugedeckt weich kochen. Nach ca. 15 Minuten die Minze sowie 200 g Zuckererbsen zufügen und weitere 5 Minuten auf mittlerer Flamme mitkochen.

Kokosmilch zugießen, pürieren und mit Salz sowie Pfeffer abschmecken. Falls nötig das Gemüsepüree durch ein Sieb pürieren.

Zuletzt die restlichen Zuckererbsen in der Suppe einmal aufkochen.

Tipp: Eine herrlich erfrischende Vorspeise ist »Zuckererbsen-Minze-Mousse« auf mariniertem Blattsalat. Sie wird wie folgt zubereitet: 1 1/2 EL Kuzu in 1/8 l kaltem Wasser auflösen und in die fertige Suppe rühren. In kleine Portionsschälchen füllen und über Nacht im Kühlschrank fest werden lassen. Vor dem Verzehr stürzen und auf dem marinierten Salat servieren.

Sommer

Metall
1 kleine Stange in feine Ringe geschnittener Lauch (das Weiße und Grüne)
1 TL frisch geriebener Ingwer
2 EL kalt gewaschener Basmatireis
1 Msp. frisch gemahlener, weißer Pfeffer
2 Handvoll fein geschnittene, frische Pfefferminzblätter

Wasser
unraffiniertes Meersalz

Holz
2 Bund gehackte Bio-Petersilie mit Stängeln

Feuer
1 Prise gemahlener Bockshornkleesamen

Erde
200 g tiefgekühlte, aufgetaute Zuckererbsen
2 EL Rapsöl
ca. 1 l heißer Gemüsesud (s. S. 55)
1/8 l Kokosmilch

Als Suppeneinlage:
100 g tiefgekühlte, aufgetaute Zuckererbsen

Zucchini-Erdäpfel-Thymian-Suppe

(Für ca. 1 1/2 l)

Stärkt die Mitte und ergänzt die Säfte

Butterschmalz erwärmen, Gemüse (außer den Zucchinistiften), Wein, Gewürze (außer Salz und Pfeffer) zugeben, umrühren und mit Gemüsesud bedecken.

Zugedeckt weich kochen, dann den Thymianbund entfernen und die Suppe pürieren.

Mit Salz und Pfeffer abschmecken und mit restlichem Gemüsesud bis zur gewünschten Konsistenz verdünnen. Zuletzt die Zucchinistifte zufügen und noch 2 Minuten kochen.

Vor dem Servieren die Soja-cuisine einrühren, aber nicht mehr aufkochen, da sie sonst ausflockt.

Tipp: Soja-cuisine oder Cre-soy ist ein vegetarischer, laktosefreier Obersersatz aus dem Bioladen. Wenn Sie die Suppe auf Vorrat kochen möchten, verwenden Sie Kokosmilch anstatt Sojacreme und kochen Sie die Suppe vor dem Abfüllen in die Glasflasche noch einmal auf.

Sommer

Erde
2 mehlige, geschälte, grob zerkleinerte Erdäpfel
3 grob zerkleinerte Zucchini

Als Suppeneinlage:
1 in 3 cm lange Stifte geschnittene Zucchini

1/8 l Soja-cuisine
1 EL Butterschmalz
1 1/4 l heißer Gemüsesud (s. S. 55)

Metall
1 Stange in feine Ringe geschnittener Lauch
1 TL frisch geriebener Ingwer
1 TL gemörserter Kümmel
1 Msp. frisch gemahlener, schwarzer Pfeffer

Wasser
unraffiniertes Meersalz

Holz
2 EL trockener Weißwein

Feuer
1 Bund zusammengebundener, frischer Thymian

Kohlrabi-Mangold-Suppe

(Für ca. 2 l)

Löst Blockaden und baut Säfte auf

Rapsöl erwärmen. Das grob zerkleinerte Gemüse, den Reis sowie die Gewürze (außer Salz und Pfeffer) zufügen, umrühren und mit dem Gemüsesud aufgießen.

Zugedeckt weich kochen, dann mit Kokosmilch aufgießen und pürieren.

Mit Salz und Pfeffer abschmecken, bis zur gewünschten Konsistenz verdünnen, die Mangoldstreifen zufügen und 2 Minuten mitkochen. Mit dem klein gehackten Kohlrabigrün bestreut servieren.

Tipp: Statt Mangold kann man auch Spinat oder gehackten Rucola verwenden.

Erde
2 geschälte, grob zerkleinerte Kohlrabi

Als Suppeneinlage:
1 Handvoll in Streifen geschnittener Mangold

1/8 l Kokosmilch
1 1/2 l heißer Gemüsesud (s. S. 55)
2 EL Rapsöl

Metall
1 geschälte, grob zerkleinerte Zwiebel
5 EL kalt gewaschener Basmatireis
1 Msp. frisch gemahlener, schwarzer Pfeffer
je 1 TL gemahlener Ingwer und Kümmel

Wasser
unraffiniertes Meersalz nach Geschmack

Holz
2 EL frisch gehackte Petersilie

Feuer
1 Prise Kurkuma

Sommer

Spicy Tomaten-Kokos-Suppe

(Für ca. 2 l)

Macht müde Geister munter

Erde
- 1 grob zerkleinerte Karotte
- 1/4 geschälter, grob zerkleinerter Knollensellerie
- 1 Stange in Ringe geschnittener Sellerie
- 3/4–1 l heißer Gemüsesud (s. S. 55)
- 1 Msp. gemahlene Bio-Vanille
- 2 EL Rapsöl
- 2–3 EL Rohrohrzucker
- 1 Dose (400 ml) Kokosmilch

Metall
- 1 kleine rote, fein gehackte Chilischote mit Kernen
- 1 geschälte, grob zerkleinerte Zwiebel
- 1 Zitronengrasstängel (längs aufgeschnitten und mit dem Nudelwalker gequetscht)
- 1 TL frisch geriebener Ingwer

Wasser
- 2 Hizikialgen
- unraffiniertes Meersalz

Holz
- 2 Dosen à 400 g passierte Tomaten
- 2 Kaffirblätter
- 1 EL Apfelessig

Feuer
- heißes Wasser nach Bedarf

Öl erwärmen. Gemüse (außer Tomaten) und Gewürze (außer Salz, Essig und Kaffirblätter) zufügen, umrühren, mit Gemüsesud bedecken und zugedeckt weich kochen. Die passierten Tomaten untermischen und weitere 5 Minuten kochen.

Den Zitronengrasstängel entfernen, Kokosmilch hinzufügen und alles pürieren. Mit Salz, Zucker sowie Essig abschmecken. Kaffirblätter einstreuen und noch 5 Minuten kochen, dann die Blätter entfernen.

Tipp: Kaffirblätter (Limettenblätter) und Zitronengras sind im Asialaden erhältlich. Servieren Sie diese Suppe an heißen Tagen gekühlt mit gebratenem Zitronengras–Garnelen-Spieß (Vorsicht: nicht bei Sonnenallergie).

Sommer

Erdbeer-Rhabarber-Grütze

(Für ca. 2 l)

Erfrischend, kühlend, gut bei Hitzesymptomatik

Holz
1/2 kg in 1 cm lange Stücke geschnittener Rhabarber
2 EL Zitronensaft
1/2 kg geputzte und halbierte Erdbeeren

Als Deko:
1 Handvoll Pfefferminzblätter

Feuer
1 EL geriebene Schale einer Bio-Zitrone
1/2 l Rotwein

Erde
8 EL Himbeersaft
3–4 EL Kuzu
1 Msp. gemahlene Bio-Vanille

Metall
1 Prise schwarzer Pfeffer
1/2 TL gemahlener Kardamom
Rohrohrzucker nach Geschmack

Wasser
1/2 l kaltes Wasser
1 Prise unraffiniertes Meersalz

Kaltes Wasser, Zitronensaft, -schale, Rotwein, Himbeersaft, Gewürze (außer Zucker) und Kuzu mit dem Schneebesen verrühren, aufkochen und 2 Minuten kochen lassen. Mit Zucker abschmecken.

In diesem dickflüssigen Sud den Rhabarber weich kochen, gegen Ende der Kochzeit die Erdbeeren untermischen und 1 Minute mitkochen.

In Dessertschalen füllen und eine Zeit kalt stellen. Mit den Minzeblättchen und gehackten Pistazienkernen dekoriert servieren.

Tipp: Die Grütze lässt sich nach Belieben mit allen Beeren der Saison herstellen und schmeckt herrlich mit Soja-Vanille-Joghurt kombiniert.

Sommer

Spätsommer

Erde . gelb . Mitte-Magen-Milz . Mund . Gewebe . Muskeln . Grübeln

»Der süße Geschmack reist zur Mitte.«

Magische Krautsuppe

(Für ca. 3 l)

Kurbelt den Stoffwechsel an

Das Wasser zum Kochen bringen, Gewürze (außer Tamari und Salz) und Kraut 5 Minuten kochen.

Restliches Gemüse sowie Pilze zufügen und bissfest kochen. Zuletzt Jungzwiebeln und Sojabohnensprossen untermischen, mit Salz und Tamari abschmecken und noch einmal aufkochen.

Tipp: Wenn Sie abnehmen wollen, sollten Sie ab 16 Uhr keine Kohlenhydrate mehr zu sich nehmen. Von dieser Suppe können Sie jedoch so viel essen, wie sie wollen. Bei großem Hunger auch mit Glasnudeln.

Erde
4 geviertelte Shiitakepilze
je 1 geschälte, in Scheiben geschnittene Karotte und Zucchini
1 grob gewürfelter, roter Paprika
2 Handvoll nudelig geschnittenes Weißkraut je
1 Handvoll Erbsenschoten und Sojabohnensprossen
1–2 TL Rohrohrzucker

Metall
1 Bund in Ringe geschnittene Jungzwiebel,
2 EL frisch geriebener Ingwer
1 kleine, rote, frische Chili mit Kernen, fein gehackt
1 TL gemörserter Koriandersamen

Wasser
Tamari nach Geschmack
1–2 TL unraffiniertes Meersalz

Holz
2 geschälte, gewürfelte Fleischtomaten

Feuer
3 l heißes Wasser

Spätsommer

Minestrone

(Für ca. 2 1/2 l)

Labsal für den Magen, gibt Kraft für den Tag

Öl erwärmen, Gemüse (außer Tomaten) und Gewürze (außer Salz, Pfeffer und Basilikum) zufügen, umrühren, mit 1 1/2 l heißem Wasser aufgießen und zum Kochen bringen.

Bei reduzierter Hitze halb zugedeckt kochen lassen bis das Gemüse bissfest ist.

Lorbeerblatt entfernen, Tomaten mit Saft und Bohnen untermischen, heißes Wasser bis zur gewünschten Konsistenz zufügen und mit Pfeffer und Salz abschmecken. Mit Basilikum bestreut servieren.

Tipp: So werden Hülsenfrüchte verdauungsfreundlich gekocht: Hülsenfrüchte für 8 Stunden in kaltem Wasser einweichen. Mit frischem Wasser aufkochen, Schaum abschöpfen, 1 Stk. frischem Ingwer (ca. 1 x 2 cm) sowie 1 Wakamealge zufügen und offen auf mittlerer Flamme bissfest kochen. So zubereitet sind Bohnen, Linsen und Kichererbsen eine gute Basis für schnelle Gerichte.

Spätsommer

Erde
2 in Scheiben geschnittene Selleriestangen
1 klein gewürfelte Zucchini
1/2 kleiner, in feine Streifen geschnittener Grünkohl
1 speckiger, geschälter, klein gewürfelter Erdapfel
1 geschälte, klein gewürfelte Karotte
1 geschälter, klein gewürfelter Kohlrabi
4 EL Olivenöl

Metall
1 geschälte, klein gewürfelte Zwiebel
1 Stange in feine Ringe geschnittener Lauch
1 Lorbeerblatt
1 Msp. frisch gemahlener, schwarzer Pfeffer

Wasser
1 Handvoll bissfest gekochte, weiße Bohnen

Holz
1 Dose (400 g) gewürfelte Tomaten
3 EL in feine Streifen geschnittenes Basilikum

Feuer
1/2 TL geriebene Schale einer Bio-Zitrone
2 l heißes Wasser

Spätsommer

Erde
4 frische Shiitakepilze (Kappen klein gewürfelt, Stiele fein gehackt)
1 geschälte, klein gewürfelte Karotte
2 EL Kuzu

Metall
1/2 TL frisch geriebener Ingwer

Wasser
Tamari nach Geschmack
1 l kaltes Wasser

Holz
Als Deko:
2 EL gehackte Petersilie
1 EL Umeboshimus

Feuer
1 Msp. geriebene Schale einer Bio-Zitrone
heißes Wasser nach Bedarf

Kuzusuppe
(Für ca. 1 1/2 l)

Ein ideales Katerfrühstück

Kaltes Wasser in einen Topf geben, mit Kuzu verrühren und aufkochen. Karotten, Pilze, Zitronenschale und Ingwer zufügen und unter ständigem Rühren ca. 4 Minuten auf kleiner Flamme kochen lassen. Den Topf vom Herd nehmen.

Falls nötig mit heißem Wasser bis zur gewünschten Konsistenz verdünnen. Das Umeboshimus mit einem Schneebesen einrühren. Mit Tamari abschmecken und mit Petersilie bestreut servieren.

Um die therapeutische Wirkung zu genießen, sollte die Suppe gleich gegessen und nicht wieder aufgekocht oder gekühlt werden.

Tipp: Mit beliebigem Saisongemüse zubereitet, hilft diese Suppe auch bei Sodbrennen zu jeder Jahreszeit.

Belugalinsen-Mangold-Suppe

(Für ca. 3 l)

Unterstützend für die Vorbereitung auf die kalte Jahreszeit

Erde
1/2 geschälter, grob zerkleinerter Knollensellerie
4 frische Shiitakepilze (Kappen gewürfelt, Stängel fein gehackt)
2 EL Olivenöl
1 1/2 l heißer Gemüsesud (s. S. 55)
1 kleiner Mangold, das Weiße grob zerkleinert

Als Suppeneinlage:
Grün des Mangolds in feine Streifen geschnitten
2 geschälte, klein gewürfelte Karotten

Metall
6 EL kalt gewaschene Belugalinsen
2 geschälte, grob zerkleinerte Zwiebeln
1 Prise frisch gemahlener, schwarzer Pfeffer

Holz
1 EL Apfelessig

Feuer
heißes Wasser nach Bedarf
1 TL gehackter Oregano

Wasser
unraffiniertes Meersalz

Karottenwürfel in Salzwasser bissfest kochen, abseihen und zur Seite stellen. Belugalinsen nicht zugedeckt in Wasser bissfest kochen, abseihen und zur Seite stellen.

Öl erwärmen, Gemüse (außer Suppeneinlage), Pilzstängel, Ingwer zufügen, umrühren, mit Gemüsesud bedecken und zugedeckt weich kochen. Pürieren, mit dem restlichen Gemüsesud verdünnen, mit Salz, Pfeffer und Essig abschmecken. Pilzkappen, Mangoldgrün, Karotten, Linsen, Oregano zufügen, bei Bedarf mit Wasser bis zur gewünschten Konsistenz verdünnen und 2 Minuten kochen.

Tipp: Statt mit Salz und Essig abzuschmecken, würzen sie vor dem Servieren mit Umeboshimus und kochen die Suppe nicht mehr auf.

Spätsommer

Gemüsekraftsuppe

(Für ca. 2 1/2 l)

Ausgleichend, Qi und Säfte nährend

Für die Suppenbasis alle Zutaten in kochendes Wasser geben und zugedeckt ca. 2 Stunden kochen lassen und abseihen.

Dann entweder frisches, zerkleinertes Gemüse nach Wahl zufügen, bissfest kochen und mit Pfeffer, Salz oder Tamari abgeschmeckt sofort genießen.

Oder heiß in Glasflaschen füllen, mit Vakuumverschluss verschließen und im Wasserbad kühlen. So ist diese Kraftsuppe ungeöffnet und gekühlt ca. 6 Wochen haltbar.

Tipp: Um einen feinen selbst gemachten **Gemüsesud** zu erhalten, genügen meist schon gewaschene Gemüsereste, Petersilienstängel und Gewürze, die man ca. 30 Minuten kocht. Heiß abgefüllt, mit Vakuumverschluss verschlossen und im Wasserbad abgekühlt ist auch der Gemüsesud in der gekühlten, ungeöffneten Flasche bis zu 6 Wochen haltbar.

Erde
1 grob zerkleinerte Karotte
1/4 Knollensellerie

Feuer
5 l heißes Wasser

Metall
1 halbierte, gebräunte Zwiebel mit Schale
grünes Ende einer Lauchstange
1 EL Liebstöckel
2 Lorbeerblätter
1/2 TL schwarze Pfefferkörner
1/2 TL Kümmel
1 Stk. Ingwer (1 x 2 cm)

Wasser
1 TL unraffiniertes Meersalz
1 Wakamealge

Holz
1/2 Bund Bio-Petersilie mit Stängel

Spätsommer

Kürbis-Dillcreme-Suppe

(Für ca. 2 l)

Beruhigt den Magen und stärkt die Energie

Für die Suppeneinlage speckige Erdäpfelwürfel in Salzwasser bissfest kochen, abseihen und zur Seite stellen.

Butterschmalz erhitzen. Gemüse, Gewürze (außer Dille, Salz, Essig) zufügen und kurz umrühren. Mit Gemüsesud aufgießen und zugedeckt weich kochen.

Lorbeerblätter entfernen und das Gemüse pürieren. Bei Bedarf mit heißem Wasser bis zur gewünschten Konsistenz verdünnen.

Mit Salz und Essig abschmecken, die Erdäpfelwürfel sowie die Dille zufügen und kurz aufkochen.

Tipp: Statt mit Dille kann man die Suppe auch mit gerösteten, gesalzenen Kürbiskernen und einigen Tropfen Kürbiskernöl servieren.

Spätsommer

Erde
1 kg geschälter, entkernter, grob zerkleinerter Muskatkürbis
3 mehlige, grob zerkleinerte Erdäpfel
2 EL Butterschmalz
1 1/2 l heißer Gemüsesud (s. S. 55)

Als Suppeneinlage:
2 speckige, geschälte, klein gewürfelte Erdäpfel

Metall
3 geschälte, grob zerkleinerte Zwiebeln
1 1/2 TL gemahlener Kümmel
1/2 TL gehackter Knoblauch
2 Lorbeerblätter

Als Deko:
2 Bund gehackte Dillspitzen

Wasser
unraffiniertes Meersalz

Holz
1 TL Apfelessig
1 EL Tomatenmark

Feuer
Paprikapulver
nach Bedarf

Fisolensuppe mit Erdäpfeln und Dille

(Für ca. 1 1/2 l)

Seelenschmeichler, erfreut Magen und Herz

Die geputzten Fisolen zwei Minuten in reichlich Wasser kochen, Wasser abgießen und zur Seite stellen.

Butterschmalz erwärmen. Zwiebeln, mehlige Erdäpfel, Gewürze (außer Dille, Salz, Pfeffer, Essig) zufügen, umrühren, mit 1 l Gemüsesud aufgießen und zugedeckt weich kochen.

Bohnenkraut entfernen, das Gemüse pürieren und mit Gemüsesud bis zu sämiger Konsistenz verdünnen. Die Fisolen und Erdäpfelwürferl zufügen, mit Salz und Pfeffer abschmecken und zugedeckt bissfest kochen. Essig und Dille einrühren, abschmecken und kurz aufkochen.

Tipp: Fisolen soll man nie roh essen, sie enthalten den gesundheitsschädlichen Eiweißstoff Phasin.

Spätsommer

Erde
2 mehlige, geschälte, grob zerkleinerte Erdäpfel
2 geschälte, grob zerkleinerte Zwiebeln
1 1/2 l heißer Gemüsesud (s. S. 55)
2 EL Butterschmalz

Als Suppeneinlage:
2 Handvoll in 2 cm Länge geschnittene Fisolen
1 speckiger, geschälter, klein gewürfelter Erdapfel

Metall
3 EL gehackte Dillspitzen
1 Prise frisch gemahlener, schwarzer, Pfeffer
je 1 Msp. gemahlener Kardamom und Kümmel

Wasser
unraffiniertes Meersalz nach Geschmack

Holz
1 EL Apfelessig

Feuer
1 kleiner Bund zusammengebundenes Bohnenkraut

Maiscremesuppe mit Speck

(Für ca. 2 1/2 l)

Bringt verbrauchte Energie zurück, entspannt und beruhigt

Öl erwärmen. Zwiebel, Gewürze (außer Salz und Petersilie) sowie Grieß zufügen. Umrühren, mit dem Gemüsesud aufgießen und zugedeckt weich kochen.

Mit Salz abschmecken und mit Wasser bis zur gewünschten Konsistenz verdünnen.

Die Maiskörner noch 10 Minuten mitkochen lassen. Mit Petersilie und Speckwürferln bestreut servieren.

Tipp: Für Vegatarier kann der Speck durch Räuchertofu ersetzt werden.

Erde
1 Glas Maiskörner (200 g)
1 l heißer Gemüsesud (s. S. 55)
1 EL Olivenöl
100 g Maisgrieß

Metall
1 klein gewürfelte Zwiebel
1 TL frisch gehacktes Liebstöckel
1 Msp. gemahlener Kardamom
1 Lorbeerblatt

Wasser
unraffiniertes Meersalz
2 EL klein gewürfelter, knusprig gebratener Speck

Holz
3 EL gehackte Petersilie
1 TL Zitronensaft

Feuer
1 Msp. geriebene Schale einer Bio-Zitrone
heißes Wasser nach Bedarf

Spätsommer

Brokkolisuppe

(Für ca. 2 l)

Jungbrunnen für Körper und Geist

Spätsommer

Erde
2 Brokkolirosen (Stiele geschält, gewürfelt, Röschen klein zerpflückt)

Als Suppeneinlage:
1 Handvoll dieser Röschen bissfest gedämpft

2 mehlige, geschälte, grob zerkleinerte Erdäpfel
1/8 l Kokosmilch
2 EL Rapsöl
1 1/2–2 l heißer Gemüsesud (s. S. 55)

Metall
1 TL frisch geriebener Ingwer
1 EL gemahlener Kümmel
1 Msp. frisch gemahlener, weißer Pfeffer

Wasser
1 Wakamealge
unraffiniertes Meersalz

Holz
1 Bund gehackte Petersilie

Feuer
1 Prise gemahlener Bockshornkleesamen
heißes Wasser nach Bedarf

Rapsöl erwärmen. Gemüse, Alge, Gewürze (außer Salz und Pfeffer) zufügen und mit dem heißen Gemüsesud aufgießen. Zugedeckt weich kochen, gegen Ende die Petersilie mitkochen.

Unter Zugabe von Kokosmilch pürieren, mit Salz und Pfeffer abschmecken, falls nötig noch mit heißem Wasser bis zur gewünschten Konsistenz verdünnen. Zuletzt die gedämpften Brokkoliröschen unterheben.

Tipp: Bockshornkleesamen ist sehr hart. Leichter geht's, wenn man ihn in der trockenen Pfanne vorsichtig auf Vorrat röstet, in ein Schraubglas füllt und bei Bedarf frisch mahlt.

Hollerkoch mit Birnen und Zwetschken

(Für ca. 2 l)

Erfrischt und nährt das Blut

Rotwein und Birnensaft in einen Topf geben, Kuzu darin auflösen, Gewürze zufügen und alles 2 Minuten kochen lassen. Mit Agavensirup abschmecken.

Das Obst zufügen und bissfest kochen. Das Hollerkoch sollte in heißem Zustand wie flüssiger Honig geliert sein.

In heiß ausgewaschene Marmeladegläser abfüllen, mit dem Vakuumdeckel verschließen und im Wasserbad ca. 40 Minuten kühlen.

Tipp: Das Rezept kann auch mit Agar-Agar als Gelierhilfe zubereitet werden, dann ist es für »Hitzköpfe« noch besser geeignet.

Feuer
1/2 kg gerebelte, gewaschene Hollerbeeren
1 EL geriebene Schale einer Bio-Zitrone
1/2 l Rotwein

Erde
2 Handvoll entkernte, halbierte Bauernzwetschken
2 geschälte, entkernte und gewürfelte Birnen
2 EL Kuzu
Agavensirup nach Geschmack
1/2 TL gemahlene Bio-Vanille
1 TL Zimt
1/2 l Birnensaft

Metall
1 TL gemahlener Kardamom
2 Nelken

Wasser
1 Prise unraffiniertes Meersalz

Holz
1 TL Zitronensaft

Spätsommer

Herbst

Metall . weiß . Lunge . Dickdarm . Nase . Haut . Immunsystem . Trauer

»Der scharfe Geschmack reist zur Lunge.«

Rote-Rüben-Apfel-Kren-Suppe

(Für ca. 2 l)

Erfreut das Herz, gut fürs Gemüt

Öl erwärmen. Gemüse und Kümmel zufügen, umrühren, mit dem Gemüsesud bedecken und zugedeckt weich kochen. Zuletzt die Apfelstücke 2 Minuten mitkochen.

Die Suppe cremig pürieren, mit dem heißen Wasser bis zur gewünschten Konsistenz verdünnen, mit Essig, Kren, Salz, Zucker und Pfeffer abschmecken und kurz aufkochen.

Tipp: Schmeckt vermischt mit gekochtem Quinoa toll als Energie-Eintopf.

Erde
5 geschälte, grob zerkleinerte Rote Rüben
1/4 geschälter, grob zerkleinerter Knollensellerie
2 geschälte, grob zerkleinerte Karotten
1 TL Olivenöl
1 l heißer Gemüsesud (s. S. 55)
1–2 TL Rohrohrzucker

Metall
1 EL gemahlener Kümmel
4 EL frisch geriebener Kren
1 geschälte, grob zerkleinerte Zwiebel
1 Msp. frisch gemahlener, schwarzer Pfeffer

Wasser
unraffiniertes Meersalz

Holz
1 großer, säuerlicher, entkernter Apfel
1 EL Apfelessig

Feuer
ca. 1 l heißes Wasser

Herbst

Orientalische Rote-Linsen-Suppe

(Für ca. 2 l)

Unterstützt Ausdauer und Konzentration

Karotten und Stangensellerie in Salzwasser bissfest kochen, abseihen und zur Seite stellen.

Butterschmalz erwärmen. Gemüse, Gewürze (außer Salz, Pfeffer und Zitronensaft) zufügen und umrühren. Mit Gemüsesud und Weißwein aufgießen und ohne Deckel weich kochen. Dann das Lorbeerblatt entfernen und die Suppe pürieren.

Mit Salz, Pfeffer und Zitronensaft abschmecken, falls nötig noch mit etwas Gemüsesud bis zur gewünschten Konsistenz verdünnen. Die Karotten- und Selleriewürfel untermischen und mit Petersilie bestreut servieren.

Tipp: Schwarzer Sesam gilt in Asien als Garant für besonders schöne Haare und stärkt die Nierenenergie. Am besten auf Vorrat rösten und in einem Schraubglas aufbewahren. Um das volle Aroma zu erhalten, Gewürze immer erst kurz vor dem Gebrauch mörsern.

Herbst

Erde
2 EL Butterschmalz
3 grob zerkleinerte Karotten
1 1/2–2 l heißer Gemüsesud (s. S. 55)
1/2 TL gerösteter, gemörserter, schwarzer Sesam

Als Suppeneinlage:
2 geschälte, klein gewürfelte Karotten
2 klein gewürfelte Stangen vom Sellerie

Metall
1/2 Stange in Ringe geschnittener Lauch
1/2 TL fein gehackter Knoblauch
1 TL frisch geriebener Ingwer
je 1/2 TL gemahlener Kreuzkümmel, gemahlener Zimt und frisch gemahlener, schwarzer Pfeffer
Lorbeerblatt, gemörserte Nelke

Wasser
250 g kalt gewaschene Rote Linsen
1 Wakamealge
unraffiniertes Meersalz

Holz
1–2 EL Zitronensaft
1/8 l trockener Weißwein

Als Deko:
3 EL gehackte Petersilie

Feuer
1/2 TL geriebene Schale einer Bio-Zitrone
1/2 TL Kurkuma

Fleischkraftsuppe vom Ochsenschlepp

(Für ca. 2 l)

»Regenerationstrank« bei Müdigkeit und Erschöpfung, stärkt Knochen und Knorpel

Erde
1 kg Ochsenschlepp
2 grob zerkleinerte Karotten
1/4 geschälter Knollensellerie

Als Suppeneinlage:
2 Handvoll geputztes, fein geschnittenes Wurzelgemüse

Metall
1 Lauchstange
1 halbierte, ohne Fett gebräunte Zwiebel mit Schale
2 Stk. Ingwer (1 x 2 cm)
2 Lorbeerblätter
1 EL Liebstöckel
2 Kardamomkapseln
1/2 TL schwarze Pfefferkörner

Wasser
5 Hizikialgen
5 l lauwarmes Wasser
unraffiniertes Meersalz

Holz
Als Deko:
2 EL gehackte Petersilie

Feuer
3 l heißes Wasser
1 TL Wacholderbeeren

Herbst

Heißes Wasser aufkochen, den Ochsenschlepp und 1 Ingwerstück zufügen und 3 Minuten kochen lassen. Das Wasser und den Ingwer wegschütten, den Ochsenschlepp waschen und in einen Topf mit dem lauwarmen Wasser, dem Gemüse, den Algen und den Gewürzen geben. Aufkochen und 5 Stunden auf mittlerer Flamme zugedeckt kochen lassen.

Die Suppe abseihen (die Fleischknochen und das ausgekochte Gemüse wegwerfen) und mit Salz abschmecken. Das fein geschnittene Gemüse in der Suppe kurz mitkochen. Mit Petersilie bestreut servieren.

Tipp: Falls Sie das Fleisch essen möchten, nehmen Sie den Ochsenschlepp nach drei Stunden aus der Suppe, lösen das Fleisch ab und geben die Knochen wieder in die Suppe zurück. Die Fleischstücke vom Fett befreien, in kleine Stücke schneiden und zum Schluss der Kochzeit wieder der Suppe zufügen.

Spicy Kürbis-Kokos-Suppe

(Für ca. 3 l)

Liefert Saft und Kraft, bewegt Qi

Öl erhitzen. Gemüse, Alge, Gewürze (außer Salz, Senf und Chilisauce) zufügen, umrühren und mit dem Gemüsesud aufgießen. Zugedeckt weich kochen. Unter Zugabe von Kokosmilch, Senf und Chilisauce pürieren.

Mit heißem Wasser bis zur gewünschten Konsistenz verdünnen und mit Salz abschmecken.

Tipp: »Sweet-Chili-Sauce« können Sie natürlich auch selbst herstellen. Für 1 l benötigen Sie 2 Handvoll frische, kleine, rote, gehackte Chilischoten, 1 TL gehackter Knoblauch, 1 geschälte, klein gehackte Zwiebel, 6 EL Apfelsaft, 6 EL Apfelessig, 2 EL unraffiniertes Meersalz, 1/2 l Wasser, 12 EL Rohrohrzucker, 4 EL Kuzu.

Chilis, Knoblauchzehen und Zwiebel fein mixen, mit Wasser, Essig, Apfelsaft, Salz und Rohrohrzucker aufkochen und 15 Minuten auf kleiner Flamme kochen. In eine Glasflasche abfüllen, mit der Metallkappe verschließen und im Wasserbad abkühlen. So ist die Sauce ca. 3 Monate haltbar.

Erde
1 ungeschälter, entkernter, grob zerkleinerter Hokkaidokürbis (ca. 1,5 kg)
3 EL Rapsöl
1 kleine Dose Kokosmilch (ca. 400 ml)
1 1/2 l heißer Gemüsesud (s. S. 55)

Metall
2 geschälte, grob zerkleinerte Zwiebeln
1 EL frisch geriebener Ingwer
je 1 TL gemahlener Kardamom und Kreuzkümmel
2 EL Dijonsenf

Wasser
1 Wakamealge
unraffiniertes Meersalz nach Geschmack

Holz
3 Tropfen Zitronensaft

Feuer
4 EL Sweet-Chili-Sauce
1 l heißes Wasser nach Bedarf

Herbst

Erdäpfel-Shiitake-Suppe

(Für ca. 1 1/2 l)

Reinigend nach reichlichem Fleisch- und Fischgenuss

Erde
3 mehlige, geschälte, grob zerkleinerte Erdäpfel
1 Handvoll frische Shiitakepilze (Stiele klein gehackt, Kappen klein gewürfelt)
2–3 EL Tahin (Sesammus)
2 EL Butterschmalz
1 1/2 l heißer Gemüsesud (s. S. 55)

Metall
1 geschälte, grob zerkleinerte Zwiebel
1 TL gemahlener Kümmel
1 TL gemahlener Koriander
je 1 Msp. frisch gemahlene Muskatnuss und frisch gemahlener, weißer Pfeffer

Wasser
unraffiniertes Meersalz

Holz
Als Deko:
2 EL gehackte Petersilie

Feuer
1 Prise chinesische Mandarinenschale

Butterschmalz erwärmen. Gemüse, Pilzstiele, Gewürze (außer Salz, Pfeffer, Muskat und Petersilie) zufügen. Umrühren, mit Gemüsesud bedecken und zugedeckt weich kochen.

Mit Tahin pürieren, falls nötig mit dem Gemüsesud verdünnen. Mit Salz, Pfeffer und Muskat abschmecken.

Zuletzt die Pilzwürfel noch 2 Minuten mitkochen. Mit Petersilie bestreut servieren.

Tipp: Shiitakepilze werden auch bei uns gezüchtet und haben den Ruf, die Immunkraft zu stärken, antiviral, antibakteriell und antikanzerogen zu wirken.

Herbst

Pikante Gulaschsuppe

(Für ca. 2 l)

Kräftiger Energiespender

Erde
1/4 kg geschnittener Wadschinken vom Rind
3 speckige, geschälte, klein gewürfelte Erdäpfel
1 geschälte, klein gewürfelte Karotte
2 Stangen klein gewürfelter Sellerie
2 EL Kuzu (in 1/4 l kaltem Wasser aufgelöst)
2 EL Olivenöl
2 l heißer Gemüsesud (s. S. 55)

Metall
1 geschälte, klein gewürfelte Zwiebel
1 Msp. klein gehackter Knoblauch
1 TL gemahlener Kümmel
1 Prise scharfes ungarisches Paprikapulver

Wasser
unraffiniertes Meersalz

Holz
1 EL Apfelessig
1 EL Tomatenmark

Feuer
1 TL edelsüßes Paprikapulver

Öl erwärmen. Zwiebel, Fleisch, Gewürze (außer Salz) zufügen, kurz umrühren, mit 1 l Gemüsesud aufgießen und zugedeckt weich kochen.

Mit restlichem Gemüsesud aufgießen, mit Salz abschmecken, Gemüse zufügen und bissfest kochen. Zuletzt das aufgelöste Kuzu einrühren und dann noch 2 Minuten aufkochen lassen.

Tipp: Wer Stangensellerie nicht mag, nimmt stattdessen ungeschälte Salatgurkenwürferl und gibt sie erst gleichzeitig mit dem Kuzu in die Suppe.

Herbst

Birnen-Walnuss-Kompott

(Für ca. 2 l)

Gut für Nieren und Lunge

Erde
1 kg aromatische, geschälte, entkernte, würfelig geschnittene Birnen
3 EL geviertelte Walnüsse
Rohrohrzucker
2 EL Korinthen
je 1 Msp. gemahlener Zimt und Bio-Vanille
1/2 l Birnensaft
2–3 EL Kuzu (in 1/4 l kaltem Wasser aufgelöst)

Metall
1 Msp. gemahlener Kardamom

Wasser
1 Prise unraffiniertes Meersalz

Holz
1–2 EL Zitronensaft

Feuer
1 TL geriebene Schale einer Bio-Zitrone
ca. 1/2 l heißes Wasser

Birnensaft aufkochen. Heißes Wasser, Gewürze (außer Zucker und Zitronensaft), Nüsse und Korinthen zufügen, das aufgelöste Kuzu einrühren und alles erneut aufkochen.

Mit heißem Wasser bis zur gewünschten Konsistenz verdünnen. Mit Zitronensaft und Zucker abschmecken. Die Birnenstückchen in diesem Gewürzsud ca. 2 Minuten bissfest kochen.

Tipp: Damit das Kompott bis zu 6 Wochen haltbar ist, füllen Sie es in ausgekochte Marmeladegläser, begießen es mit 1 EL 60-prozentigem Rum und verschließen es mit der Metallkappe. Im Wasserbad kühlen und bis zum Verzehr gekühlt lagern. Wenn Sie keinen Alkohol mögen oder Kinder mitessen, kochen Sie das Kompott nach dem Öffnen des Glases noch einmal auf.

Herbst

Quittenmus mit Apfelstückchen

(Für ca. 1 1/2 l)

Nährt das Yin und bewahrt die Säfte

Feuer
1 kg geviertelte, entkernte Quitten mit Schale
1 TL geriebene Schale einer Bio-Zitrone

Erde
Rohrohrzucker nach Bedarf
3 EL Mandelstifte
1/2 TL gemahlene Bio-Vanille

Metall
2 Msp. gemahlener Kardamom
2 geröstete Nelken

Wasser
3/4 l lauwarmes Wasser
1 Prise unraffiniertes Meersalz

Holz
2 säuerliche, geschälte, entkernte, klein gewürfelte Äpfel

Wasser, Quitten und alle Gewürze aufkochen, umrühren und zugedeckt weich kochen.

Alles Pürieren und mit Zucker abschmecken. Apfelwürfel und Mandelstifte zufügen und noch 4 Minuten auf kleiner Flamme kochen. Dabei ständig umrühren.

Tipp: Quitten verströmen einen herrlichen Apfelduft und werden deshalb gerne in den Wäschekasten gelegt. Quittentee tut gut bei Mund- und Rachenentzündungen.

Herbst

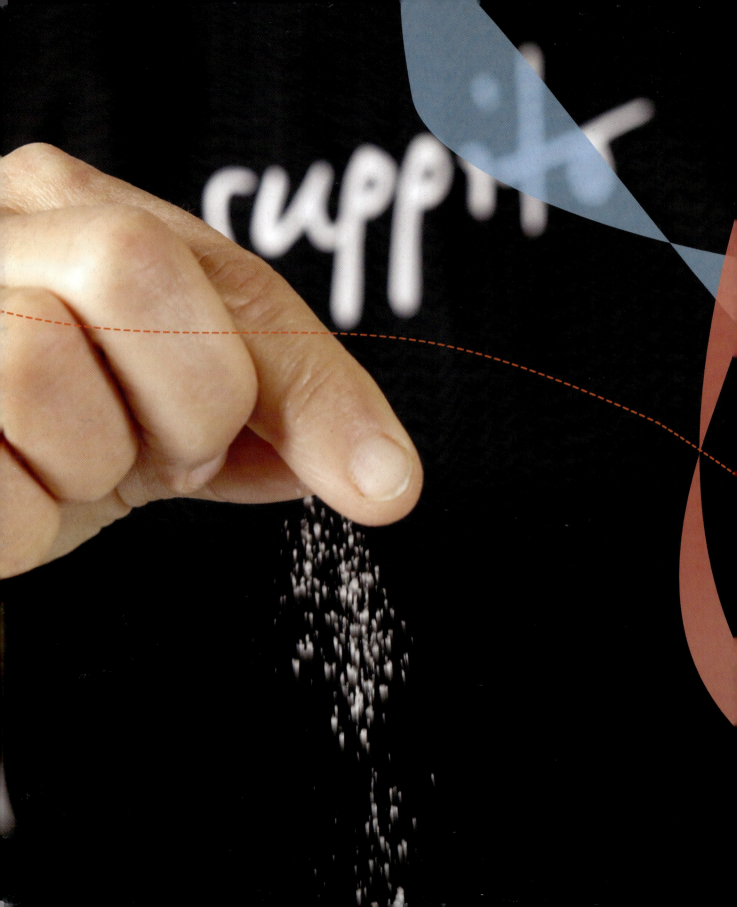

Winter

Wasser . blau . Niere-Blase . Ohren . Knochen . Haupthaar . Angst

»Der salzige Geschmack reist zu den Nieren.«

Süßkartoffel-Ingwer-Suppe

(Für ca. 1 1/2 l)

Wärmend, nährend, Qi aufbauend

Rapsöl erwärmen. Gemüse, Gewürze (außer Salz und Petersilie) zufügen, umrühren, mit Gemüsesud aufgießen und zugedeckt weich kochen.

Das Zitronengras entfernen, die Kokosmilch zufügen und alles cremig pürieren.

Mit heißem Wasser bis zur gewünschten Konsistenz verdünnen, mit Salz abschmecken, kurz aufkochen und mit Petersilie bestreut servieren.

Tipp: Mit weniger Flüssigkeit gekocht, erhalten Sie ein herrliches süßliches Püree, eine ideale Beilage zu gekochtem Rindfleisch.

Erde
3 orange, geschälte, grob zerkleinerte Süßkartoffeln
1 geschälte, grob zerkleinerte Karotte
2 EL Rapsöl
1/4 l Kokosmilch
1–1 1/2 l heißer Gemüsesud (s. S. 55)

Metall
1/2 kleine, fein gehackte, rote Chilischote ohne Kerne
1 EL frisch geriebener Ingwer

Wasser
unraffiniertes Meersalz

Holz
1 Stange Zitronengras (der Länge nach gespalten und mit dem Nudelwalker gequetscht)

Als Deko:
2 EL gehackte Petersilie

Feuer
1 Msp. Kurkuma
heißes Wasser nach Bedarf

Winter

Rotkraut-Apfel-Suppe

(Für ca. 2 l)

Wärmend, kräftigend, nährend

Öl erwärmen. Gemüse, Gewürze (außer Salz, Pfeffer und Zucker) sowie Reis zufügen, umrühren, mit dem Gemüsesud aufgießen und zugedeckt weich kochen. Die letzten 5 Minuten den Apfel mitkochen.

Mit Orangensaft und Rotwein aufgießen, pürieren und wenn nötig mit heißem Wasse bis zur gewünschten Konsistenz verdünnen.

Mit Salz, Pfeffer, Preiselbeerkompott und Zucker abschmecken und nochmals aufkochen.

Tipp: Servieren Sie die Suppe mit Orangenfilets und kleinen gebratenen Maronistückchen.

Winter

Erde
600 g feinnudelig geschnittenes Rotkraut
1 1/2 l heißer Gemüsesud (s. S. 55)
2 EL Olivenöl
Rohrohrzucker nach Geschmack
1/2 TL gemahlener Zimt

Metall
1 geschälte, grob gewürfelte Zwiebel
3 EL kalt gewaschener Basmatireis
1 TL frisch geriebener Ingwer
1 Msp. frisch gemahlener, schwarzer Pfeffer
1 gemörserte Nelke
1/2 TL gemahlener Kümmel

Wasser
unraffiniertes Meersalz

Holz
1 entkernter Apfel
1/8 l Orangensaft
3 EL Preiselbeerkompott

Feuer
1 TL frisch geriebene Bio-Orangenschale
1/8 l Rotwein
heißes Wasser nach Bedarf

Maronisuppe

(Für ca. 1 3/4 l)

Wärmend und kräftigend,
Yin und Yang stärkend

Erde
1/2 geschälter, grob zerkleinerter Knollensellerie
375 g tiefgekühltes, ungesüßtes Kastanienpüree
1/8 l Kokosmilch
2 EL Rapsöl
1 mehliger, geschälter, grob zerkleinerter Erdapfel
1 1/2 l heißer Gemüsesud (s. S. 55)

Metall
1 geschälte, grob zerkleinerte Zwiebel
1 Msp. frisch gemahlener, schwarzer Pfeffer
1 TL frisch geriebener Ingwer
1/2 TL gemahlener Kardamom

Wasser
1/2 Wakamealge
unraffiniertes Meersalz

Holz
1/2 EL Apfelessig

Als Deko:
2 EL gehackte Petersilie

Feuer
1 Prise chinesische Mandarinenschale

Öl erwärmen. Gemüse, Alge und Gewürze (außer Salz, Pfeffer und Essig) zufügen. Mit Gemüsesud bedecken und zugedeckt weich kochen.

Kastanienpüree und Kokosmilch hinzufügen und alles pürieren. Mit restlichem Gemüsesud bis zur gewünschten Konsistenz verdünnen.

Mit Salz, Pfeffer sowie Essig abschmecken und einmal aufkochen. Mit Petersilie bestreut servieren.

Tipp: Die Suppe kann auch mit frischen, gekochten und geschälten Maroni zubereitet werden.

Winter

Fenchelsuppe

(Für ca. 1 3/4 l)

Beruhigt den Magen, wärmt die Nieren, vertreibt Ärger und schlechte Laune

Butterschmalz erwärmen, Gemüse und Gewürze (außer Pfeffer und Salz) zufügen, umrühren und mit Gemüsesud aufgießen.

Alles zugedeckt weich kochen, anschließend pürieren und mit Salz und Pfeffer abschmecken. Mit dem heißen Wasser bis zur gewünschten Konsistenz verdünnen.

Die gedämpften Fenchelringe zufügen und mit Fenchelgrün garniert servieren.

Tipp: Chinesische Mandarinenschale können sie auch durch geriebene Bio-Orangen - oder Zitronenschale ersetzen.

Erde
3 geputzte, in Ringe geschnittene Fenchelknollen

Als Deko:
1 Handvol knackig gedämpfte Fenchelringe und das Fenchelgrün klein gehackt

2 mehlige, geschälte, grob zerkleinerte Erdäpfel
2 EL Butterschmalz
1 1/2 l heißer Gemüsesud (s. S. 55)

Metall
1 TL gemahlener Kümmel
1/2 TL gemahlener Kardamom
1 Prise gemahlener Szechuanpfeffer

Wasser
unraffiniertes Meersalz

Holz
1 Spritzer Zitronensaft

Feuer
1 Msp. chinesische Mandarinenschale
1/2 l heißes Wasser

Winter

Karotte-Ingwer-Reis-Suppe

(Für ca. 2 l)

Magenfreundliche »Wohlfühlsuppe« stärkt Qi und Säfte

Butterschmalz erhitzen. Gemüse, Reis, Safranwasser und Gewürze (außer Salz, Pfeffer, Petersilie) zufügen und umrühren und mit dem heißen Gemüsesud aufgießen und zugedeckt weich kochen.

Kokosmilch zugießen und pürieren. Nach Bedarf mit Wasser verdünnen, mit Salz und Pfeffer abschmecken und kurz aufkochen.

Mit Petersilie bestreut servieren.

Tipp: Safran ist bekanntlich das teuerste Gewürz der Welt. Hier ein Trick aus der persischen Küche, um sparsam damit umzugehen: Eine kleine Dose Safran mit 200 ml kochendem Wasser aufgießen und in einem Schraubglas im Kühlschrank aufbewahren (Haltbarkeit ca. 6 Wochen). Bei Bedarf 1 bis 2 EL zum Würzen entnehmen.

Erde
5 geschälte, grob zerkleinerte Karotten
1/4 geschälter, grob zerkleinerter Knollensellerie
1 EL Butterschmalz
2 EL Safranwasser
1 l heißer Gemüsesud (s. S. 55)
1/8 l Kokosmilch

Metall
3 EL kalt gewaschener Basmatireis
1 geschälte, grob zerkleinerte Zwiebel
1–2 TL frisch geriebener Ingwer
1 EL gemörserter Kümmel

Wasser
unraffiniertes Meersalz

Holz
Als Deko:
3 EL gehackte Petersilie

Feuer
heißes Wasser nach Bedarf
1 Prise chinesische Mandarinenschale

Winter

Pastinaken-Mangold-Suppe

(Für ca. 2 1/2 l)

Entgiftet die Leber und stärkt die Mitte

Winter

Erde
3 geschälte, grob zerkleinerte Pastinaken
2 mehlige, geschälte, grob zerkleinerte Erdäpfel
2 EL Mandelmus
1–1 1/2 l heißer Gemüsesud (s. S. 55)
2 EL Rapsöl
1 gewaschener Mangold, die weißen Rippen grob zerkleinert

Als Suppeneinlage: die grünen Blätter in feine Streifen geschnitten

Metall
1 Handvoll Weißes vom Lauch in dünne Ringe geschnitten
1 TL getrocknetes Liebstöckel
1 TL gemörserter Kümmel
1 Msp. fein gehackter Knoblauch
1 Msp. frisch gemahlener, weißer Pfeffer

Wasser
unraffiniertes Meersalz

Holz
3 Tropfen Zitronensaft

Feuer
1 Prise chinesische Mandarinenschale
heißes Wasser nach Bedarf

Rapsöl erwärmen, Gemüse und Gewürze (außer Salz und Pfeffer) zufügen, umrühren, mit Gemüsesud bedecken und zugedeckt weich kochen.

Unter Zugabe von Mandelmus pürieren, mit Pfeffer und Salz abschmecken, bei Bedarf mit Wasser verdünnen. Zuletzt die Mangoldstreifen zufügen und 3 Minuten auf kleiner Flamme kochen.

Tipp: Pastinaken waren bei den Römern das beliebteste Wurzelgemüse und wurden später von Erdäpfel und Karotten verdrängt. Der milde, süßliche Geschmack eignet sich vorzüglich für ein aromatisches Püree oder einen gekochten Gemüsesalat.

Kohlsuppe mit Räuchertofu

(Für ca. 2 1/2 l)

Reinigt und klärt die inneren Organe, stärkt das Immunsystem

Erde
1 kleiner, feinnudelig geschnittener, blanchierter Grünkohl
2 speckige, geschälte, klein gewürfelte Erdäpfel
1 1/2 EL Kuzu (in 1 Tasse kaltem Wasser aufgelöst)
2 EL Butterschmalz
1 1/2–2 l heißer Gemüsesud (s. S. 55)
4 EL klein gewürfelter Räuchertofu

Metall
2 geschälte, blättrig geschnittene Knoblauchzehen
1 Msp. gemahlene Pimentkörner
1 TL gemahlener Kümmel
1 TL frisch geriebener Ingwer
1 TL ungemahlener Kümmel
1 Msp. frisch gemahlener schwarzer Pfeffer

Wasser
unraffiniertes Meersalz

Holz
3 Tropfen Zitronensaft

Feuer
1 Prise Kurkuma

Butterschmalz erwärmen. Gemüse, Gewürze (außer Salz, Pfeffer und Zitronensaft) zufügen und mit 1 1/2 l Gemüsesud aufgießen. Aufkochen und zugedeckt weich kochen.

Mit Salz, Pfeffer und Zitronensaft abschmecken, mit dem restlichen Gemüsesud bis zur gewünschten Konsistenz verdünnen, Tofuwürfel und das aufgelöste Kuzu einrühren. Noch einmal aufkochen.

Die Suppe sollte von sämiger Beschaffenheit sein.

Tipp: Kohl ist ein altbewährtes Hausmittel. Die blanchierten Blätter helfen äußerlich angewandt bei Schwellungen und Blutergüssen.

Winter

Petersilienwurzel-Lauch-Suppe

(Für ca. 1 3/4 l)

Vitamin-C-Bombe, bringt das Blut in Wallung und spendet Wärme und Energie

Butterschmalz erwärmen, Gemüse (außer Lauch), Gewürze (außer Salz, Pfeffer, Muskat) sowie Gemüsesud zufügen und zugedeckt weich kochen.

Anschließend Mandelmus und falls nötig Wasser zufügen und mit dem Stabmixer pürieren.

Mit Salz, Pfeffer und Muskat abschmecken, die Lauchstreifen untermischen und 2 Minuten auf kleiner Flamme kochen.

Tipp: Muskat immer erst kurz vor dem Servieren frisch reiben, da sein Aroma sehr schnell verfliegt.

Winter

Erde
3 mehlige, geschälte, grob zerkleinerte Erdäpfel
3 geschälte, zerkleinerte Petersilienwurzeln
1–1 1/2 l heißer Gemüsesud (s. S. 55)
3 EL Butterschmalz
2 EL Mandelmus

Metall
1 geschälte, grob zerkleinerte Zwiebel
1 Msp. frisch gemahlener, weißer Pfeffer
1 Prise frisch geriebene Muskatnuss

Als Suppeneinlage:
2 Handvoll in feine Streifen geschnittener Lauch (nur das Weiße)

Wasser
unraffiniertes Meersalz

Holz
3 Tropfen Zitronensaft

Feuer
1 Msp. geriebene Schale einer Bio-Zitrone
heißes Wasser nach Bedarf

Sellerie-Birnen-Suppe

(Für ca. 2 l)

Befeuchtet die Schleimhäute, schützt Haut und Lunge vor trockener Luft

Die Karottenwürfel in Salzwasser bissfest kochen, abseihen und zur Seite stellen. Öl erwärmen. Gemüse, Gewürze (außer Salz, Pfeffer, Kuzu und Petersilie) zufügen, umrühren, mit dem Gemüsesud aufgießen und zugedeckt weich kochen. Gegen Ende die Birnenstücke zufügen und kurz mitgaren.

Lorbeerblatt entfernen und die Suppe pürieren. Wenn nötig mit heißem Wasser verdünnen. Mit Salz und Pfeffer abschmecken, das angerührte Kuzu zufügen und die Suppe noch einmal aufkochen. Zuletzt die Karottenwürfel zufügen und mit Petersilie bestreut servieren.

Tipp: Als Püree gekocht, d.h. mit weniger Flüssigkeit, schmeckt das Gericht wunderbar mit gekochten Adzukibohnen oder schwarzen Linsen.

Erde
Hälfte eines geschälten, grob zerkleinerten Knollenselleries
2 geschälte, entkernte, reife Birnen
2 EL Rapsöl
1 1/2 l heißer Gemüsesud (s. S. 55)
2 EL Kuzu (in 1/4 l kaltem Wasser aufgelöst)

Als Suppeneinlage:
2 geschälte, klein gewürfelte Karotten

Metall
1 geschälte, grob zerkleinerte Zwiebel
1 Lorbeerblatt
1/2 TL gemahlener Kümmel
1 Prise gemahlener Kardamom
1 Msp. frisch gemahlener, weißer Pfeffer

Wasser
unraffiniertes Meersalz

Holz
2 EL frisch gehackte Petersilie

Feuer
1 Msp. geriebene Schale einer Bio-Zitrone
heißes Wasser nach Bedarf

Winter

Suppen von A bis Z

Bärlauchsuppe 21
Belugalinsen-Mangold-Suppe 53
Birnen-Walnuss-Kompott 74
Brokkolisuppe 60

Erdbeer-Rhabarber-Grütze 44
Erdäpfel-Shiitake-Suppe 71

Fenchelsuppe 83
Fisolensuppe mit Erdäpfeln und Dille 58
Fleischkraftsuppe vom Ochsenschlepp 68

Gazpacho à la *suppito* 34
Gemüsekraftsuppe 55
Gulaschsuppe, Pikante 72
Gurken-Dille-Suppe 33

Häuptelsalatsuppe 25
Hollerkoch mit Birnen und Zwetschken 61

Karotte-Ingwer-Reis-Suppe 85
Kohlrabi-Mangold-Suppe 41
Kohlsuppe mit Räuchertofu 89
Kürbis-Dill-Cremesuppe 56
Kuzusuppe 52

Magische Krautsuppe 49
Maiscremesuppe mit Speck 59
Maronisuppe 82
Minestrone 50

Orangen-Linsen-Suppe 28

Pastinaken-Mangold-Suppe 86
Petersilienwurzel-Lauch-Suppe 90

Quittenmus mit Apfelstückchen 75

Ratatouillesuppe 37
Rettich-Radieschen-Suppe 27
Rotkraut-Apfel-Suppe 80
Rote-Linsen-Suppe, Orientalische 66
Rote-Rüben-Apfel-Kren-Suppe 65

Sellerie-Birnen-Suppe 91
Spargelcremesuppe 22
Spicy Hühnerkraft 17
Spicy Kürbis-Kokos-Suppe 69
Spicy Tomaten-Kokos-Suppe 43
Spinat-Zuckererbsen-Suppe 24
Süßkartoffel-Ingwer-Suppe 79

Tomaten-Basilikum-Suppe 35
Topinambursuppe 18

Zucchini-Erdäpfel-Thymian-Suppe 40
Zuckererbsen-Minze-Cremesuppe 38

Österreichisch – Deutsch

Fisolen – grüne Bohnen
Erdapfel – Kartoffel
Grünkohl – Wirsing
Häuptelsalat – Kopfsalat
Holler – Holunder
Kren – Meerrettich
Maroni – Esskastanie
Melanzani – Aubergine

Nudelwalker – Nudelholz
Obers – Sahne
Ochsenschlepp – Ochsenschwanz
Rote Rüben – Rote Beete
Wadschinken – unterer Teil der Rindskeule
Wäschekasten – Wäscheschrank
Weißkraut – Weißkohl
Zwetschken – Pflaumen

Literaturtipps

Eva Matzke, Jörg Krebber, Susanne Peroutka, Sabine Knoll: Genuss ohne Reue. Iss Dich gesund mit den 5 Elementen, Wu-Wei Verlag, Schondorf 2005

Claudia Nichterl: Die 5-Elemente-Küche Vegetarisch, avBUCH, Wien 2007

Claudia Nichterl: Die 5-Elemente-Küche zum Abnehmen, avBUCH, Wien 2008

Christiane Seifert: Die Fünf-Elemente-Küche, Knaur, München 2005

Bengt Jacobi: Gesünder leben mit den fünf Elementen. Das Yin und Yang in der Ernährung nutzen, Herder, Freiburg 2002

Barbara Temelie: Ernährung nach den Fünf Elementen, Joy Verlag, Sulzberg 1992

	Heiß	Warm		Warm
Holz sauer bewahrt die Säfte zieht zusammen		**Getreide** Grünkern **Fleisch** Huhn **Kräuter/Gewürze** Essig Petersilie	**Obst** Granatapfel Kumquat	**Getreide** Bulgur Couscous Dinkel **Getränke** Hagebuttentee
Feuer bitter trocknet aus leitet nach unten	**Fleisch** Hammel Lamm Schaf Ziege gegrilltes Fleisch **Getränke** Bitterlikör Cognac Glühwein	**Schaf- und Ziegen- milchprodukte** **Getränke** Kaffee, Rotwein	**Kräuter/Gewürze** Beifuß, Rosmarin, Bockshornkleesa- men, Kurkuma, Ka- kao, Rosenpaprika, Wacholderbeeren, fr. Oregano, Mohn Thymian, Basilikum	**Gemüse/Salat** Oliven Rote Rüben Brennnessel Endivien Vogerlsalat
Erde süß befeuchtet baut Qi auf	**Kräuter/Gewürze** Zimtrinde	**Getreide** Sago, Süßreis **Gemüse** Fenchel Kastanie Hokkaidokürbis Süßkartoffel	**Speiseöle** Kürbiskerne Raps Soja **Nüsse/Samen** Walnusse Pinienkerne	**Gemüse** Kohl, Kraut, Shiitakepilze, Fisolen, Erbsen, Karotten, Erdäpfel Kohlrabi, Kürbis, Rüben **Trockenobst**
Metall scharf löst Stagnation leitet nach oben	**Kräuter/Gewürze** Cayennepfeffer Chili Pfeffer Piment Knoblauch getr. Ingwer	**Gemüse** Lauch, Kren, Zwiebel **Getreide** Hafer **Fleisch** Wild	**Kräuter/Gewürze** getr. Basilikum, Kreuzkümmel, Küm- mel, fr. Ingwer, Lor- beer, Majoran, Karda- mom, Muskat, Nelke, Dille, Liebstöckel	**Getreide** Reis **Fleisch** Gans Pute Wachtel
Wasser salzig weicht auf leitet nach unten		**Gepökeltes Fleisch** **Fisch** Garnelen, Hummer, Räucherfisch, Langusten, Schollen, Shrimps, Thunfisch		**Fleisch** Schweinefleisch **Fisch** Barsch, Forelle, Karpfen, Lachs, Thunfisch

Neutral	Erfrischend		Kalt	
Obst Brombeeren Himbeeren	**Gemüse** Sauerkraut Sprossen **Saures Obst** **Getreide** Weizen	**Getränke** Champagner Hibiskustee Prosecco Weißwein **Fleisch** Ente	**Getreide** Weizenkleie Weizen gekeimt **Gemüse** Mungobohnen- sprossen Paradeiser	**Obst** Ananas Kiwi Rhabarber Zitrone
Getränke Schwarztee **Getreide** Amaranth, Quinoa, Roggen	**Gemüse/Salat** Artischocke, Chicorée, Rucola, Löwenzahn, Pastinake, Radicchio **Obst** Holunderbeere Quitte	**Getreide** Buchweizen **Getränke** Grüntee **Kräuter/Gewürze** fr. Salbei	**Getränke** Enziantee Frauenmanteltee Klettenwurzeltee Löwenzahnwurzeltee Schafgarbentee	
Fleisch Kalb, Rind **Getreide/Nüsse** Polenta, Haselnüsse Mandel, Sesam Safran, Vanille Butter, Ghee	**Gemüse** Melanzani, Karfiol, Broccoli, Chinakohl, Spinat, Mangold, Spargel, Paprika, Zucchini, Sellerie **Getreide** Gerste, Hirse	**Süßes Obst** Kuzu Kokosmilch Tofu Soja Olivenöl	**Gemüse** Salatgurken **Obst** Avocado, Kaki, Mangos, Papayas, Wassermelonen, Honigmelonen	**Süßmittel** weißer Zucker
Gemüse Schwarzer Rettich	**Gemüse** Radieschen Weißer Rettich **Getränke** Pfefferminztee	**Fleisch** Stallkaninchen **Kräuter** Kresse	*suppito* www.suppito.at Diese Liste erhebt keinen Anspruch auf Vollständigkeit. Alle Angaben ohne Gewähr.	
Hülsenfrüchte Linsen Bohnen Miso	**Hülsenfrüchte** Kichererbsen Mungbohnen	**Fisch** Austern Tintenfisch	**Fisch** Kaviar, Krabben, Miesmuscheln **Algen** Agar-Agar	**Gewürze** Salz Sojasauce **Getränke** Mineralwasser

Die Studien und Erkenntnisse über die Anwendungen in diesem Buch wurden sorgfältig recherchiert und nach bestem Wissen und Gewissen wiedergegeben. Alle Informationen ersetzen aber in keinem Fall ärztlichen Rat und ärztliche Hilfe. Bei erkenn-baren Krankheiten ist in jedem Fall ein Arzt aufzusuchen. Der Verlag und die Autorinnen übernehmen keinerlei Haftung für Beschwerden, die sich durch Anwendung der Rezepte ergeben und übernehmen auch keinerlei Verantwortung für medizinische Forderungen.

Bildquellen
Umschlag und Inhalt: Miguel Dieterich

Food-Styling
Sabine Surtmann

Dank
Ein herzliches Dankeschön für die tatkräftige Unterstützung beim Entstehen dieses Buches geht an Susanne Peroutka, Aus-bildungsleiterin und Referentin an der Donau-Universität Krems. Unserer ehemaligen Mitarbeiterin Sabine Surtmann danken wir für ihr liebevolles, kreatives Food-Styling und wünschen ihr viel Erfolg auf ihrem geplanten Lebensweg als Food-Stylistin. Dem avBUCH-Verlag, insbesondere der überzeugenden, charmanten Brigitte Millan-Ruiz und unserem geduldigen Lektor Jürgen Ehrmann, möchten wir für die gute Zusammenarbeit und Hilfestellung unseren Dank aussprechen.

suppito
Girardigasse 9, A-1060 Wien
www.suppito.at, info@suppito.at
Tel.: +43-664/213 91 09

Impressum

© 2008 Österreichischer Agrarverlag Druck- und Verlagsges. m.b.H. Nfg. KG,
Sturzgasse 1a, A-1141 Wien, E-Mail: buch@avbuch.at, Internet: www.avbuch.at

Die Deutsche Bibliothek – CIP-Einheitsaufnahme
Die Deutsche Bibliothek verzeichnet diese Publikationen in der Deutschen Nationalbibliografie;
detaillierte bibliografische Daten sind im Internet über http://dnb.ddb.de abrufbar.

Das Werk ist einschließlich aller seiner Teile urheberrechtlich geschützt. Jede Verwertung außerhalb der engen Grenzen des Urheberrechtsgesetzes ist ohne Zustimmung des Verlags unzulässig und strafbar. Das gilt insbesondere für Verviel-fältigungen, Übersetzungen, Mikroverfilmungen und die Einspeicherung und Verarbeitung in elektronischen Systemen.

Für die Richtigkeit der Angaben wird trotz sorgfältiger Recherche keine Haftung übernommen.

Projektleitung: Brigitte Millan-Ruiz, avBUCH
Redaktion und Satz: Jürgen Ehrmann, media-solutions.at
Umschlag & Layout: Ravenstein + Partner, Verden

Druck und Bindung: Westermann Druck, Zwickau
Printed in Germany

ISBN: 978-3-7040-2302-5